二度消えた甲子園

仙台育英野球部は未曾有の
苦境をどう乗り越えたのか

須江航 著

IKUEI GAKUEN
Road to 92th
SENBATSU
Champion.

春と夏の甲子園大会は中止となったが、仙台育英の監督と選手たちは、悲観することなく前へ進んでいる

はじめに

盛大なオリンピックイヤーとなるはずだった２０２０年。こんな一年になるとは、誰が想像したでしょうか。

新型コロナウイルスという未知の感染症によって、社会も経済も一時的にストップし、「Ｓｔａｙ Ｈｏｍｅ」「リモートワーク」「三密」「ソーシャルディスタンス」「自粛警察」といった言葉を毎日のように耳にすることになりました。50年後、１００年後の教科書にも、今年起きたさまざまなことは「社会問題」「政治問題」「国際問題」として記されることになると思います。

当然のことながら、学生スポーツにも大きな影響が出ました。日本政府の要請によって、３月から全国ほとんどの学校が臨時休校となり、春休みを挟み、学校に通えない日々が5月まで続きました。学校が通常に戻らない限り、部活動の大会は行われない。春夏の甲子園大会が中止となり、全国高校総体（インターハイ）、全国中学校体育大会も中止。最後の大会に出場することすら叶わずに、部活動の引退を余儀なくされた中学・高校3年生が多数いたと思います。

2月からの主だった動きを時系列で整理してみると、

■2月29日　日本政府　3月2日から全国一斉の臨時休校の要請を発表
■3月4日　日本高野連「第92回選抜高等学校野球大会」無観客試合での開催を検討
■3月11日　日本高野連「第92回選抜高等学校野球大会」中止を発表
■4月7日　日本政府　埼玉・千葉・東京・神奈川・大阪・兵庫・福岡に緊急事態宣言発令
■4月13日　宮城県高野連「春季地区大会・宮城県大会」中止を発表
■4月16日　日本政府　緊急事態宣言の対象を全国に拡大
■4月26日　全国高体連「全国高校総合体育大会」中止を発表
■4月28日　日本中体連「全国中学校体育大会」中止を発表
■5月14日　日本政府　宮城を含む39県で緊急事態宣言の解除を発表
■5月20日　日本高野連「第102回全国高等学校野球選手権大会」中止を発表
■5月25日　日本政府　緊急事態宣言の全面解除を発表
■6月10日　日本高野連「2020年甲子園高校野球交流試合」（8月10日～17日）開催を発表
■6月11日　宮城県高野連「令和2年東北地区高等学校野球宮城大会」（7月11日～8月1日）開催を発表
■6月20日　東北地区高野連「令和2年東北地区高等学校野球大会」（8月9日～11日）開催を発表

私が監督を務める仙台育英は、3年ぶりにセンバツに出場する予定でしたが、東北勢初の日本一に挑戦する舞台にも立てず、涙をのみました。夏も含めて、日本一を狙えるチーム力があっただけに、無念さが残ります。全国の強豪と、真剣勝負の中でどれほど戦うことができるのか、仙台育英の〝現在地〟を知りたかったというのが率直な想いです。

悔しい気持ちは当然あります。しかし、「悔しい」と言ったところで、目の前の現実が変わるわけではありません。「仕方がない」と割り切ろうとしても、同じこと。時間が止まるわけでなければ、巻き戻せるわけでもない。新型コロナウイルスがあろうともなかろうとも、1日24時間は、誰にとっても同じように刻まれ、3年生は夏には引退を迎えます。引退までの日数が伸びるわけではないのならば、前を向いて進んでいくしかない。そう決意しました。

私は、2月15日の時点で「センバツが中止になる可能性もある」と選手たちに伝え、3月に入ってからは「もし中止になった場合、夏にどのように進んでいくか」というミーティングも開いています。夏の大会の開催に関しては、5月1日のＺｏｏｍ（ウェブ会議システム）を使用したミーティングで触れました。おそらくは、ほかの学校よりも早い時期に話をしていると思います。「余計な不安を煽りたくない」と、日本高野連からの正式発表があるまで、話題にしなかった学校もあると聞きますが、あえて話すことを選びました。

そこには理由があります。休校期間中、常に頭にあったのが「すべては理念に舞い戻る」という考え方です。苦しいとき、悩んだときこそ、理念を思い出す。2018年1月、私が監督に就任したとき、選手たちと一緒に考え、仙台育英硬式野球部の理念を作りました。

『地域の皆さまと感動を分かち合う』

グラウンドのある多賀城市、学校のある仙台市を中心とした地域の皆さまとともに、感動を分かち合える取り組みができなければ、たとえ日本一を成し遂げられたとしても、その価値は薄れる。地域の人が誇れる野球部でありたい。練習同様に、地域貢献活動にも積極的に取り組み、野球を通じて地域の方々と一体となり、感動を分かち合う——、そんな想いを込めた理念です。

第2章で詳しく語りますが、野球部員が不祥事を起こし、応援する人たちの想いや期待を裏切ってしまった過去があります。それゆえに、今後100年、200年、二度と同じ過ちを繰り返さないためにも、「地域」や「社会」という広い世界に目を向ける必要があったのです。

高校野球だけのこと、甲子園だけのことを考えていては、どうしても視野が狭くなり、「世の中で何が起きているかわかりません」では、あまりに世間知らずです。今、地域はどうなっているのか、社会はどう動いているか。社会的問題になっている感染症だからこそ、選手には新聞記事や動画をどんどん送り、考えるためのきっかけを与えました。

私は、組織のリーダーである監督として心に決めていることがあります。

「教育者はクリエイターでなければいけない」

これは、尊敬する猿橋善宏先生（宮城・松島町立松島中）から教えていただいた言葉です。クリエイターとは、すなわち創造する者。必要なものがあれば自らの手で創り出すことが必要であり、何かができあがるのを静かに待っていたら、手遅れになる。今回のような感染症による緊急事態は、誰も経験したことがなく、何が正解なのかは誰にもわかりません。その答えは、何年か経ってみなければわからないこともあるでしょう。

緊急事態宣言中、私は「0から1」を生み出す気持ちで、ZoomやLINE（ソーシャル・ネットワーキング・サービス）、Slack（チームコミュニケーションツール）をフル活用し、選手たちにいくつものメッセージを発信しました。心がけていたのは、先手を打って、アイデアを提示していくこと。このタイミングが遅くなると、選手の心が落ちてしまうことがあるため、センバツや夏の甲子園の話も、早いタイミングで伝えるように心がけていました。

指導するうえで、一番やってはいけないと思っているのが「後出しジャンケン」です。何かが起きたあとに「それ、言ったでしょう」とか「そうなると思っていた」というように、後出しで答えを示していく。相手がグーを出したら、パーを出す。相手の出方を見てから判断しているのだから、絶対に負けるわけがないのです。

しかし、後出しジャンケンほど、選手の信頼を失うことはありません。「うちの監督は、前に言っていたことと違うことを言う」「結果論で物事を語る」と思われかねない。これでは信頼関係が成り立たないので、できるかぎり先回りして、やるべきことを示すようにしているのです。

仙台育英のベンチには、私が生徒に伝えたいメッセージがいくつか貼ってあります。コロナ禍において、特に大事にしていたのが次の2つの言葉です。

「道に迷うことは、道を知ることである」（タンザニアの格言）

迷いながらも、自分で正しい道を見つけることが重要。知識は試行錯誤のすえに、初めて身につく。

「どんなに良い人間でも、きちんとがんばっていれば、だれかの物語では悪役になる」（漫画『猫のお寺の知恩さん』より）

自分の信念や正義に向かって進むと、どんなにいい取り組みであっても、それによって不利益を被る人間は必ずいる。立場が変われば、評価の仕方は変わる。だから、信念に基づいて行動しているのであれば、足を引っ張るような人が出てきても、気にすることはない。

これらは、自分自身にも言い聞かせている言葉でもあります。正解がない道を進むからこそ、ブレない信念を持って、歩んで行かなければいけない――。

世間的にどのように評価されたかはわかりませんが、センバツの中止から夏に向けての私たちの取り組みを、多くのメディアに取り上げていただきました。取材を受けた選手たちは、日頃と同様に立派な対応を見せ、緊急事態宣言中に野球以外のさまざまなことを学び、考えたことで、人として大きな成長を遂げてくれたことを実感しました。


本書は3月に中止が発表されたセンバツから、8月に開催される「2020年甲子園高校野球交流試合」（センバツ代替大会）に向けた歩みを中心に、仙台育英のチーム作りを1冊にまとめたものです。

8月の甲子園交流試合は、日本高野連の尽力によって、甲子園で各校1試合のみ行われることになりましたが、この1試合で「仙台育英の向こう3年が決まる」と言っても過言ではないぐらい、勝負と内容を重視しています。高校野球の関係者、そしてファンに「仙台育英やるな！　甲子園大会があったら日本一の可能性があったのではないか」と思わせるようなインパクトを与えることが、来年以降の〝東北勢初の日本一〟につながっていくとともに、彼らの高校野球が「達成感」を持って完結させられると信じています。

本章に入る前に、少しだけ私の話をさせてください。

1983年4月生まれの37歳。埼玉県比企郡鳩山町で育ち、高校は憧れだけで仙台育英に入学しました。硬式野球部は1930年に創部し、1963年に夏の甲子園初出場。1973年に氏家規夫先生が監督に就いてから、春夏6度甲子園の土を踏み、その名が広く知れ渡るようになりました。そして、1985年の秋から監督に就任した竹田利秋先生（現・國學院大硬式野球部総監督）が、日本一を狙えるレベルに押し上げた歴史があります。1989年夏には大越基さん（現・早鞆高校監督）を擁して、夏の甲子園準優勝。東北勢初優勝に、あと一歩のところまで迫りました。1993年からは、私の恩師となる佐々木順一朗先生（現・学法石川高校監督）が後を継ぎ、甲子園常連校として東北の野球を引っ張っていました。

「仙台育英に入れば甲子園に出られる」と、希望に満ちて臨んだ高校野球でしたが、すぐさま、周りとの圧倒的な能力差に現実を知ることとなり、周囲からの勧めもあり、2年生の新チームからGM（グラウンド・マネジャー＝学生コーチ）に転身。翌年春にはセンバツ準優勝を果たし、学校として2度目の甲子園準優勝を果たしました。私は記録員でベンチに入り、仲間のプレーをサポートしていました。

しかしながら、その後は甲子園で活躍したメンバーと、スタンドの応援に回ったメンバー外の間に溝ができ、夏の大会を迎えるまでなかなかチームがひとつになりませんでした。私は、何とかチームをまとめるために、規律の大事さを説くも、そこまでの統率力は備わっておらず、3年夏は甲子園の初戦で宜野座に敗退。試合後、「これで良かったのか？　もっとやれたことがあったんじゃないか……」と、何とも言えない感情が生まれたことをよく覚えています。

大学は、野球部の強化が始まっていた八戸大（現・八戸学院大）に進み、マネジャーと学生コーチを務め、日本一を目指して戦いました。私が1年時の大学選手権でベスト8入りを果たすと、3年時にベスト4、4年時にはベスト8。在学中には、毎年のようにプロ野球選手が誕生し、2学年上に石川賢さん（元楽天など）、川島亮さん（元楽天など）、1学年上に三木均さん（元巨人）、同級生には青山浩二（楽天）と内藤雄太（元横浜）がいました。

卒業後、仙台育英秀光中等教育学校の教員となり、創部2年目を迎えた野球部（軟式）の監督に就任。当初は野球未経験の子どもたちばかり、野球のルールを覚えるところからのスタートでした。よく、「冗談でしょう」と思われるのですが、バッティング練習で三塁に走り出した生徒もいました。そこから、ひとつずつステップを踏んでいき、全国大会を狙える実力が付いてきたのが２００９年のこと。のちに仙台育英で、２０１２年夏の甲子園ベスト16にまで進んだ渡邊郁也、早坂和晋（現・仙台育英部長）ら3年生と、力のある下級生が融合し、チーム力には自信を持っていました。しかし、夏の宮城大会準決勝で0対2の完敗。すべては私の力不足であり、負けたのは監督の責任以外ない。「指導者人生を変えた1敗」と言っても過言ではない、忘れられない敗戦となりました。

その翌日、私は『日本一からの招待』というスローガンを掲げ、すべての取り組みが日本一にふさわしいレベルに至ったとき、〝日本一から招かれる〟という考えを持つようになりました。それから5年後の２０１４年、西巻賢二（楽天～千葉ロッテ）がいたときに全国中学校軟式野球大会で初優勝。しかし、以降は全中に出場しながらも、２０１５年準優勝、２０１６年ベスト4、２０１７年ベスト4と、頂点を逃す年が続きました。

そして、２０１７年12月、母校・仙台育英の不祥事が明るみになった関係で、高校の監督に就任。「不祥事からの出発」という、とても難しいかじ取りを担うことになったわけです。

仙台育英秀光中のときと同様に、『日本一からの招待』を掲げ、「疾走感」を持って突き進めた就任1年目の２０１８年夏は、甲子園に出場するも初戦敗退。それでも、２００点満点の道のりだったと自負しています。2年目の夏は、甲子園ベスト8進出。秋には東北大会を制し、今春のセンバツ出場権を獲得するも、予期せぬ感染症の蔓延によって、現チームで日本一を目指した戦いが終わることになりました。

思い返してみると、仙台育英秀光中を率いていたときに経験した２０１１年３月11日の東日本大震災、高校の監督就任時の対外試合禁止処分（２０１７年12月５日〜２０１８年６月４日）、さらに今回の新型コロナウイルスの問題と、監督になってから3度、野球が満足にできなかった経験をしています。もちろん、それぞれの問題の質は全く違いますが、その都度感じるのは「子どもたちが大人の希望、社会の宝」ということです。子どもたちをしっかりと育てていくことが、より良い社会を築くことに必ずつながっていくと、確信するようになりました。

彼らはやがて、社会に出て、人を動かす立場になり、親として家族を守る立場にもなります。教員になる生徒もいるでしょう。目の前で起きた現実から何を学び、次にどう生かしていけるか。予期せぬことが起きたときに、先を見ながら、次なる一手を示せるか。高校時代にその力を育んでほしいと思い、日々の指導にあたっています。

正直に明かせば、まだ何も成し遂げていない私が、このような本を出すことには抵抗がありました。「実績のない人間が偉そうに」と思う人も、きっといるかと思います。それでも、こうして文字に残すことを決めたのは、甲子園大会がなくなる中でも懸命に前に進もうと、頑張り続ける選手たちの姿を、多くの人に届けたかったからです。そして、私たちの取り組みを伝えることが、止まってしまった誰かの人生を、動かすきっかけになればと思ったからです。

活動再開明けの6月12日、私は「監督から君たちに伝えたいこと」と題して、2つのメッセージを送りました。

「失敗しても泣いても、どんな困難を迎えようと、現実と理想は離れて目標に辿り着けなくても、誠実でさえあれば、入学からすべてのシーンが美しく、その経験は未来への希望になる」

「夢に挑戦することさえできず、悔しさが残る日々に感じたかもしれない。しかしどんな状況になろうとも次の一歩を踏み出す君たちの姿は、沢山の人の人生を変えている。そのことに誇りを持つべきだ」

悔しさ、悲しさ、怒り、虚しさ……、きっとさまざまな感情が渦巻いているはずです。それでも、すべての感情をプラスのエネルギーに換えて、人として大きな成長を遂げている。一歩ずつ着実に前に進んでいる彼らを、誇りに思います。

二度消えた甲子園

仙台育英野球部は未曾有の苦境をどう乗り越えたのか

目次

第1章　幻のセンバツ

第2章　理念作りから始まった2018年

第3章　『日本一からの招待』を追い求めて

第4章　今どき世代の強みを生かした育成法

第5章　高校野球の完結に向けて

デザイン　浅原拓也
写真　松橋隆樹、ベースボール・マガジン社
編集協力　大利　実

第1章　幻のセンバツ

3月11日、センバツ中止発表

「センバツ甲子園中止」

2020年3月11日——、日本高野連からの第一報が入ったのが、17時45分だったと記憶しています。

その少し前、私たちは東日本大震災に関するミーティングを開いていました。毎年、「3・11」を迎えるときには、私が印象に残った記事をピックアップし、グループLINEなどで選手に送信しています。「当時の辛い記憶を思い出してしまうので、震災の話題には触れてほしくない」という生徒も中にはいるため、事前に全選手が大丈夫であることを確認したうえでのことです。ともに記事を読みながら、あの日に起きたこと、目にしたこと、そして今も起きていることを学び、考え合う。今年は、彼らに5つの記事を送りました。

1. 被災地の現状
2. 身元を特定する特別捜査班
3. 亡くなったお姉さんの制服を着る妹
4. 毎年3月11日に検索サイトのヤフーで「3・11」と検索することで10円の寄付になる

5．お笑いコンビ・サンドウィッチマンの取り組み

仙台育英は部員の4割ほどが県外の出身者で、宮城で育った人間と比べると、東日本大震災に対する想いに違いがあります。でも、宮城に住むということは、ここが〝第二のふるさと〟になるわけです。9年前のあの日に何があったのか、知っておいてほしい。毎年のように、14時46分からの出来事を、分単位でリアルに話しています。

このミーティングが終わったのが、17時前のこと。そして、45分後に「センバツ中止」の報が入り、18時10分には、選手からLINEで明日の目標が送られてきました。

「心機一転」――気持ちを新たにして、全員で夏へ向かってやるべきことをしていく――

高野連からの発表で、センバツ中止が発表されました。発表を受けて、一人ひとりがいろいろな感情を抱いていると思いますが、ここからは気持ちを新たにして、夏に、絶対に日本一を獲りに甲子園に行くという決意を、全員で持ちましょう。3年生にとっては、日本一の最後のチャンスになってしまったので、その1回をモノにするために、今までやってきたことを見直して、いろいろな課題がチームとしても、個人としてもあるはずなので、一人ひとりやるべき行動を実践していきましょう。野球ができることに感謝して、これから高校野球

を完結させられるように生活していきましょう。

毎日の全体練習終了後に、選手ミーティングがあり、その内容を監督にＬＩＮＥで報告し、担当の選手（日替わり）が明日の目標を記すことが習慣になっています。３月11日は「心機一転」。この報告を受けて、私は次のようなメッセージを返しました。

明日のミーティングで改めてお話ししますが、ここまでの競争、本当によくやりました。多くの涙の中、葛藤を抱えながら、よくやり切ったと思います。全員を褒めてやりたいです。この90期生を、夏、命に代えてでも甲子園に連れていきます。必ず、日本一にします。スタッフの皆さん、後輩の皆さん、力を貸してください。絶対に、ハッピーエンドにしていきます。

センバツのベンチ入りをかけた熾烈な戦い

１月25日から始まった紅白戦を皮切りに、センバツのベンチ入り18名をかけて、熾烈な選考レースを戦い続けてくれました。本当によくやったと、心から思います。

前年秋までの実績や個人測定値（一塁駆け抜け、二塁打走、スイングスピード、球速、対角送球など）を参考にしたうえで、1、2年生の野手陣を、T1、T2、T3、S1、S2、S3と6チームに振り分け、紅白戦を重ねていきました。

T＝トップ、S＝セカンドの意味であり、S1の中で際立った活躍を見せれば、T3に昇格できるシステムです。センバツの18名は、トップチームの中から選ぶことを、事前に伝えていました。ピッチャーは、レベル別に3つのグループ（☆4つ、☆3つ、☆2つ）に分けて、紅白戦の中で先発・中継ぎ・抑えのすべてを経験させ、その適正を改めて確認。センバツは、☆4つのグループから選ぶことを共通理解として、野手陣同様に活躍度を見ながら、適宜入れ替えるようにしました。

どのように評価をするのか。「後出しジャンケン」にはならないように、選手にはあらかじめ、評価基準を提示してあります。セイバーメトリクスの視点からさまざまなデータを取り、分析していく中で、トーナメントを勝ち抜くために必要な要素として、私が優先順位を付けました。

〈野手の総合評価方法〉

①打率＋出塁率の数値
②並んだらOPS（出塁率と長打率を足した値）を優先する

③盗塁（順位で評価はしないが、突出した数字は代走枠の検討材料にする／守備評価は監督が決定する）。そのほか、「奪進塁」や「助進塁」も評価。＊148ページ参考

〈投手の総合評価方法〉

①ストライク率55パーセント以上／四死球率を3段階評価
　例：イニングに1つか、3イニングに1つか、9イニングに1つか
②被打率（②以降は①の条件をクリアした投手に限る）
③奪三振率
④ケースごとの被打率（特に走者一塁、走者三塁）

いつ、どのチームと対戦するかは、1月21日の時点で全選手に伝えています。ピッチャーに関しては、3週間先までのローテーションを発表し、誰がどこで何イニング投げるかまで、細かく設定。登板日がわかっていれば、そこから逆算して調整することができ、コンディション作りにより高い意識が向くと、思っているからです。いつ投げるかわからない状況では、自己管理能力を高めることは難しいでしょう。前日に「明日投げるから準備しておけよ」なんてことは、絶対にないようにしています。

2月6日からは、学校の入試休みを利用して、仙台よりも気温が5度以上高い静岡に向かい、5泊6日のキャンプを行いました。ここでの狙いは、紅白戦を通じて、センバツで戦える選手を探すこと。2月7日から10日まで計12試合組み、選考レースもヒートアップしていきました。

紅白戦は非常にレベルが高く、全体的に高いパフォーマンスを見せていたことが印象に残っています。前年秋にスタメンから漏れた選手たちのレベルが上がっていたのが、目に見えてわかり、秋までは11人の中でスタメンを組んでいたとしたら、春先にはスタメン候補が15人ほどに増えた感覚です。監督としてみると、スタメンのバリエーションを多く持て、対戦相手によって、変化を加えられる手ごたえがありました。

一番の課題だったピッチャーも、向坂優太郎がエースとして一本立ちし、二番手候補に阿部恋が急成長。さらに、本職は外野手の吉野蓮がストレート、変化球ともにキレがアップ。昨夏の甲子園で登板した笹倉世凪、伊藤樹の1年生（当時）がまだ不安定でしたが、この3人でゲームを作る構想を立てることができました。

背番号はチーム内競争を勝ち抜いた証

3月11日の中止発表後の翌日、室内練習場で「背番号贈呈式」を行いました。

本当なら、甲子園球場で入場行進を行い、試合前ノックを受け、試合に出場することによって、充実感や満足感を得ることができるものです。自分がやってきた取り組みに、自信を持てることにもつながるのですが、今年は残念ながら、その場がありません。

ただ、センバツは中止になってしまいましたが、ベンチ入りメンバーをかけて激しく戦ったのは事実であり、そこまでの過程が充実していたのは間違いないことです。戦いを勝ち抜いた18名に背番号を贈りたい。彼らの努力を、言葉をかけるだけでなく、背番号という見える形で称えたい。数日前から、「センバツが中止になったら、背番号だけでもあげよう」と準備していました。もちろん、18名に選ばれなかった者も、持てる力を十二分に発揮し、レベルの高い争いを見せてくれました。

手渡した背番号はセンバツ大会用のものなので、学校に返却する必要はなく、これからずっと、彼らの手元に残ります。スマホで写真を撮った選手もいるでしょうし、親に感謝の気持ちを込めて渡した選手もきっといると思います。

第92回選抜高校野球大会の
ベンチ入り予定だった仙台育英メンバー

背番号	名前	学年	出身中学	身長cm	体重kg	投打
1	向坂優太郎	3	村田二(宮城臨空シニア)	181	82	左左
2	木村　航大	2	秀光	170	73	右右
3	笹倉　世凪	2	秀光	177	85	左左
4	鈴木　誠達	3	青森・佃(戸山シニア)	172	70	右右
5	田中　祥都	③	兵庫・松陽	172	72	右左
6	入江　大樹	3	大阪・福泉(堺ビッグボーイズ)	185	83	右右
7	宮本　拓実	3	秀光	181	80	右左
8	松本京太郎	3	埼玉・長瀞(深谷彩北シニア)	173	71	右左
9	吉野　　蓮	2	東向陽台(宮城北部シニア)	177	78	右右
10	阿部　　恋	3	山形・最上	172	72	右左
11	伊藤　　樹	2	秀光	176	76	右右
12	小野寺真輝	3	山形・酒田二	178	82	右右
13	石川　汰一	3	将監(東北福祉仙台北シニア)	174	73	右左
14	村上　健太	3	山形・山形九(東北楽天シニア)	179	78	右左
15	佐々木　涼	3	仙台二(宮城臨空シニア)	178	78	左左
16	平松　秀児	3	秀光	168	70	右右
17	相澤　　諒	3	蛇田(石巻中央シニア)	175	72	左左
18	宇治野駿介	2	埼玉・安松	165	64	右右

　上記のリストが、幻に終わってしまったセンバツのメンバー18名です。背番号4の鈴木誠達、背番号17の相澤諒、背番号18の宇治野駿介は、このセンバツが初めてのベンチ入りでした。背番号18は、あらかじめ「スペシャリスト」の枠で用意していて、チームトップクラスの足を持つ宇治野が滑り込みでメンバー入り。ソフトバンクの周東佑京選手のような、ここ一番での代走に期待を込めました。

　紅白戦の数字はすべてエクセルで管理して、同じポジションの中で誰が何番目にいるのか、最終的にはすべて公開しました。

選手にいつも言っているのは、「選手選考の扉は、いつでも開いている」。誰もに入るチャンスがあり、一方で誰もが落ちる可能性がある。チームスローガンである『日本一からの招待』を成し遂げるひとつの要素として、「日本一激しいメンバー争い」を掲げています。部内での競争が激しくなればなるほど、選ばれた18名または20名のレベルは間違いなく上がっていく。今回のセンバツで、新戦力が3名食い込んだことは、チーム内競争の激しさを証明するものとなりました。

進むべき道を先に示していく

センバツの中止を受けたとき、泣き崩れるような子はひとりもいませんでした。もしかしたら、家や寮に戻ったあとに、涙を流した選手はいるかもしれませんが、3月12日に彼らの表情を見たときには、次に進む決意ができていたように感じます。

誤解を生む表現になるかもしれませんが、日本高野連からの発表前にはもう、センバツ中止に向けた話は終わっていました。なぜなら、1か月近く前から、「センバツができない可能性もある。そのときはどうやって夏に向かうか」という話を、選手とともにしてきたからです。

最初に、新型コロナウイルスを身近に感じたのが、卒業式に関する学校側の動きでした。2月第1週の時点で、「卒業式（2月29日）は生徒のみ。保護者の出席は不可」と、内々で発表がありました。そこには、私立ということもあり、県内全域だけでなく県外からも多くの保護者が出席される事情があるのですが、正直に言えば、「まだ大丈夫でしょう。そこまで敏感にならなくても」と考えている自分がいました。このとき、東京の感染者数は1人、宮城においてはまだ0人でした。

この動きは部活動にも影響を及ぼし、2月15日に学校側の判断で、2月25日から28日まで予定していた福島・いわきキャンプの中止が決定。これをきっかけに、センバツの開催の有無についても、ミーティングで話をするようになったのです。

「目に見えない感染症ほど怖いものはない。東日本大震災を経験している自分から見ても、問題の質が非常に複雑で、先が見えない。大会が開催されない可能性が十二分にある。これから先、『甲子園だけはやるの？』という同調圧力が出てくることも考えられる」

そこから、日本国内の感染者数が徐々に増えていき、世間的にも「センバツできるの？」という声が広がるようになりました。若者が重症に陥るケースは少ないとは言え、それが家族にかかり、家族が重症化する可能性はゼロではない。おそらくは、ワクチンの完成もまだまだずっと先の話。何より、学校が休校になっていることを考えると、部活動の大会を開催するのは難しいのではないか。やりたい気持ちはもちろんあるが、通常通りの開催を考えると非常に厳しい……、それが当時の正直な胸の内でした。

とはいえ、自分たちの力ではどうにもできないことに、頭を悩ませても仕方がありません。すべての判断は日本高野連が下すものであり、「自分たちができることに集中しよう」という話を、子どもたちには繰り返しました。選手ミーティングの報告を見ると、開催への不安を感じながらも、センバツに気持ちが向かっているのが伝わってきます。

■2月29日

明日の目標：一意専心

達成の行動：センバツに焦点を合わせて、ひたむきに頑張る

コロナウイルスが流行っており、センバツが開催できるかわからない状況ですが、自分たちはセンバツがあると信じて、今を全力でやり切ることしかできないので、今の一瞬を大切に、全力でやっていきましょう。

＊このあと、学校の方針で部活動が3日間中止になる

■3月1日（学生コーチ・菅野友雅より）

【この期間のルール】
・公共交通機関はなるべく使わない
・通院する場合は、できれば保護者の送迎で
・不要な外出は絶対にしない
＊外出をして、自分が感染するようなことがあれば、チームにも大きな迷惑をかけることになるので、そこをしっかりと理解して、自宅、寮、下宿で体を休めること

【3日間で必ずやってほしい練習】
・ピラティス
・腕立て伏せ、背筋
・短ダッシュ（環境を見て、可能な範囲で）
・柔軟
→一番は疲労を回復させること。そのうえで最低限のトレーニングをして、体をなまらせない。硬くならないようにする。

【練習以外でやってほしいこと】

・1年間やってきたここまでの個人の反省と、これからの課題を明確にする
→ここからが本当の意味での勝負になると思うので、新3年生は後悔しないためにもしっかりと個人と向き合って、休み明けの練習を充実できるように考える。
・チームにどのように貢献していくのか
→先日、須江先生からのミーティングで、プレーヤーとしてだけでなく、チームにどう貢献していくかが大事だと言っていただいたので、それぞれの立場でできること、やれることを明確にして、休み明けから実践する。

■3月5日
明日の目標：活気
達成の行動：活気ある1日にする

センバツの開催を前向きに検討していただいていることは、今の状況を考えると当たり前のことではないので、感謝の気持ちを持って、どのような結果になっても、一つひとつの課題をクリアし、センバツに向けて取り組んでいきましょう。

また、須江先生からのミーティングで、「チームが何と向き合い、何に取り組んでいくのか」という話もありました。個人ではなく、チームが勝つために必要な行動を取る。その結果が必

ずセンバツ制覇につながると思うので、自分が今できる練習の質を上げて、全員でセンバツに向けて活気あふれる1日にしていきましょう。

■3月6日
明日の目標：切磋琢磨
達成の行動：切磋琢磨しながら取り組む

センバツも日に日に近づいてくる中で、メンバー選考も佳境に入ってきました。紅白戦に出る人は、結果ではなく取り組み方に目を向けて、センバツに良い状態を持っていけるような試合にしていきましょう。練習する人は、須江先生からのお話しにもあるように、個々のレベルアップがチームのレベルアップにつながります。次、試合に出るときに最高のパフォーマンスが出せるように、練習の質を求めて取り組みましょう。お互い切磋琢磨しながら、この大事な期間を全員で良いものにしていきましょう。

■3月7日
明日の目標：見つめる
達成の行動：自分の練習や行動を見つめ直す

明日は1日練習となります。センバツまであとわずかとなり、自分の調子の良し悪しや結果ばかりに目がいきがちになりますが、もう一度自分の練習方法や行動は正しいのかを見つめ直し、新しい気付きや成長が生まれるような1日にしていきましょう。また、短い練習時間の中で、練習場所なども限られてくると思いますが、「知恵と工夫と情熱」を持って、内容の濃い練習を全員で作っていきましょう。

■3月10日

明日の目標：やり切る
達成の行動：やりたいことを明確にして、最後までやり切る

センバツまでもう少しとなりました。貴重な練習なので、1日をただ過ごすだけではなく、さまざまな工夫をして、自分で成長できたと思える日にしていきましょう。それから、チームの雰囲気も大事だと思うので、チーム一丸となって、最後までやり切ったと思えるような練習にして、良い日にしていきましょう。

「知恵と工夫と情熱」を持って取り組む

6日の報告で、「練習する人は」とありますが、この時点でT1、T2に入っていない選手はメンバー争いから落選。「春の地区大会を目指して、個々の力を上げてほしい」と、センバツ部隊とは別のスケジュールを渡しています。先手を打って、次の道を示すことによって、モチベーションを落とすことなく、個々の目標に進んでほしい。今年に限ったことではないですが、3年生の夏の最後まで、「すべてやり切った」という想いが持てるように、部員全員が力を発表できる場を設けるようにしています。

4月に行われる中部地区大会は、最大で4試合行われ、試合ごとに入れ替えが可能です。メンバー入りの可能性が広がるので、チーム全体の底上げを図るために、センバツから漏れた選手を積極的に起用することを、あらかじめ伝えておきました。具体的な人数を挙げると、ピッチャーは15～20人、キャッチャーは4～5人、内野手は10～15人、外野手は10人。これだけの選手を、地区大会では起用すると明言しました。

ここには新1年生も食い込んできます。「力のあるショートが7名、左で140㌔を出すピッチャーが1名、打力のあるキャッチャーが2名」というように、ライバルになりそうな存在を挙げて、さらなる競争意識を持たせるようにしました。

7日の報告にある「知恵と工夫と情熱」は、私がよく選手に言っている言葉です。「知恵」と「工夫」は当然のこととして、最後に大事になるのが「情熱」。これは、特に高校生を指導するようになってから思ったことで、高校生はほぼ大人であり、チームの中で自分がどの位置にいるのか、ある程度はわかっています。それが「こういうことができれば、メンバーに入れる」とプラスに働くこともあれば、「この状況では、もうメンバーに入れない」と悟ってしまうこともあるのです。

どんなに知恵と工夫を持っていようとも、人は情熱がなければ本気にはなれない。「気持ち」や「やる気」と置き換えてもいいでしょう。情熱の火を常に灯しておくためにも、先に先にスケジュールを提示していく。監督は「モチベーターでなければいけない」と思っています。

背番号贈呈式の翌日（3月13日）には、「5月1日までの基本方針」を全選手に送りました。夏に勝つためには、もう一度フィジカル数値を上げる必要があり、冬と同じようにトレーニングに力を入れること。春の地区大会・県大会の開催は現時点では微妙であるが、地区大会では控えの選手を積極的に使うこと。センバツの選考に漏れた選手は、ここから1か月の練習試合で50打席以上の打席数を与えること。1年生の実力を見極めること。「甲子園で試合をしたかった」という気持ちは心の奥にしまい、次の目標に歩みを進めていきました。

自粛期間中に人としての学びを深める

新型コロナウイルスをめぐる事態は、さらに悪化の一途をたどっていきました。

4月7日、日本政府から全国47都道府県に対して、緊急事態宣言が発令され、仙台育英もこの日から休校となり、部活動も休止。寮生は、それぞれの地元に戻ることになりました。それまでは、時間的な制約がある中でも練習や試合を行うことができ、春の地区大会に向けて部内での「ＩＫＵＥＩリーグ」を実施。しかし、緊急事態宣言が出たとなれば、もう活動はできません。宣言が解ける日がいつになるかもわからない。そもそも、夏の大会があるのかどうかもわからない。もし、自分が高校3年生だったら……と考えてみると、不安な気持ちしか生まれてこなかったと思います。

新1年生を含めて、3学年で部員１０３名。終わりが見えない中で、何をやるか。

野球の面では、フィジカル面とスキル面でいくつかのメニューを伝えました。フィジカルは、全体練習が再開したときに、練習ができる体力を維持しておくこと。簡単に言えば、走るということです。加えて、柔軟性を高めるためにストレッチに時間を割く。また、学校への登校がなくなれば（仙台育英ではオンライン授業を実施）、日頃よりは睡眠時間を確保できるようになります。毎日同じ時間帯に寝て、生活リズムを作ることに加えて、骨を作るときに必要となるミネラルを含んだ亜鉛を摂ることを推奨し、「まだまだ背が伸びる可能性がある」と話しました。

その日に何をどのぐらいやったかは、Ｓｌａｃｋを活用して、毎日報告することを約束事にしました。ただし、ダメ出しはしない。『日本一からの招待』をスローガンに掲げ、「日本一激しいメンバー争い」を目標にしているのは、チームの共通理解として浸透していることです。それができなければ、メンバーに入れないことは誰もがわかっています。そこに対して、監督やコーチが行動を管理しなければいけないチームだとしたら、結果を出せるわけがない。美しい言葉を使えば、子どもたちの取り組みを信じ、彼らに任せても大丈夫だと思っていました。

以上が野球に関する話です。これと同時進行で取り組んだのが、Ｚｏｏｍを使ったミーティングや、グループＬＩＮＥにニュース記事・映像をいくつも送ることでした。政治問題、社会問題に関することを学び、考えるための時間に充てる。野球の練習時間は限られますが、人として学びを得る時間は、いつも以上に確保できる。本を読むことも勧め、さまざまな人の考えを吸収できた生徒が多くいたと思います。

『日本一からの招待』をスローガンに掲げ、日本一激しいメンバー争いがチーム内に浸透している

Ｚｏｏｍは、週3日は監督発信のミーティング、週4日は選手同士のミーティングとして、監督はそこには入らないようにしました。部員103名全員でＺｏｏｍミーティングをやるのは厳しいので、3学年を5グループに分けて、それぞれにキャプテンや副キャプテンを配置。これは、自粛期間だからというわけではなく、シーズン中も行っていることです。野球の力は関係なく、ＡＢＣＤＥと5つの活動班を設けて、一人ひとりに係を与える。少ないグループで行動したほうが、発言や行動に責任が生まれるという狙いを持っています。

スポーツと社会の距離が近づいた

社会情勢に関する話を積極的に伝えることは、年間通して行っていることです。根本にあるのが「野球だけ上手くなる3年間でいいの?」という考えです。野球のためだけに、甲子園のためだけに、高校3年間を費やすほどもったいないことはないでしょう。

監督に就任したばかりの2018年1月。『地域の皆さまと感動を分かち合う』という活動理念とともに、「仙台育英の野球部で学び育むもの」として、次の4つの項目を挙げました。

・人生を本質からデザインする

・社会に出る疑似体験

・非認知能力を高める
・生き方をじっくり考える

強くなりたい、勝ちたい、上手くなりたいという気持ちは、野球選手としてあって当然のこと。でも、それだけを求めていたら、野球だけを考える人間になってしまう。勝ったから良かった、負けたからダメだったとなりかねない。自分を磨き、社会に出るための力を育む3年間にしてほしい。

前記の4項目は、新型コロナウイルスの影響で部活動が休止となった今まさに、問われる力だと感じます。これからどのような人生を送りたいのか。甲子園がなくなるとなれば、大学進学にも大きな影響が出る可能性があります。それでも野球を続けたいのか、あるいは違う道を進むのか。仙台育英の部員だけでなく、全国の高校球児が「これからどうなってしまうのだろうか」と悩み、考えたことだと思います。

できることなら、非常事態のときだけでなく、平時のときから「高校野球が教えてくれる本当に大切なこと」「自分が本当にやりたいこと」「自分の強み」「チームのために力になれること」といった観点を持ちながら、自問自答してほしいのです。野球を通して学べることもあれば、そばにいる仲間によって気付かされることもたくさんあるでしょう。

こうした視点に立ってみると、2月からの一連の流れの中で、甲子園のことだけを頭に置いて練習をする考えは、全く生まれてきませんでした。チームが掲げる理念に沿って、地域の皆さまの声にも耳を傾ける必要がある。

たとえば、20代学生、30代主婦、50代会社員が、どんな悩みを持ち、どんな願いを抱いているのか。完全に理解することは難しいですが、そこに興味を持ち、知ろうとすることによって、人としての視野が広がっていくはずと考えていました。

私が、今回のコロナ禍で感じたのは、「社会とスポーツの距離が近づいた」ということです。社会の理解や、地域の協力がなければ、部活動を行うことができない。高校生も、そのことを肌で感じたのではないでしょうか。だからこそ、世の中の声に常に敏感で、アンテナを広げておくことが必要になるのです。

「野球しか知りません」とならないためにも、とにかく情報を発信していく。仙台育英は、携帯電話を自由に持つことができ、自ら情報を取れる環境にあります（生徒が決めた部の決まりでSNSは禁止）。もしかしたら、真実とは違う情報に振り回されてしまうこともあるので、そこは大人が整理をする必要がありますが、何も情報を知らないよりは、はるかに良いと思っています。情報を取り入れ、自分に必要なことを取捨選択していく能力は、社会に出たときに必ず生きてくるでしょう。

PV制作で3年生の進路をサポートする

現在40人の3年生がいて、9割の選手が大学でのプレーを希望しています。春の大会がすべて中止になったことは、子どもたちの進路にも大きな影響を及ぼすことになりました。練習試合もなくなったため、アピールする場がほとんどなくなってしまったからです。

そこで、4月から私が取り組んだのが、3年生一人ひとりのプロモーションビデオ（PV）を作り、大学の関係者に見てもらうことでした。昨年の試合映像や、練習映像を編集し、ひとり1分〜3分ほどの動画を制作。映像が足りない選手に関しては、自粛期間中の自主練習を撮影し、私に送るように指示を出しました。

これが正しいやり方だったかはわかりませんが、ただただ、ジッと時が過ぎるのを待つことだけは避けたかったのです。組織のトップである監督という立場である以上、歩みを止めるわけにはいきません。今までやったことがないことであっても、チャレンジする必要性がある。「はじめに」で述べたとおり、「教育者＝クリエイター」です。0から1を生み出さなければ、クリエイターにはなれません。

『日本一からの招待』を実現するために、選手の進路はかなり大事な要素になると考えています。彼らが力を発揮できる場所に送り出すことによって、その先の社会人やプロを狙える確率が高まっていく。そして、上の世界で仙台育英のOBが多く活躍するようになれば、中学生の進路にも好影響をもたらす。出口と入口の充実なくして、日本一から招かれることはないと思っています。

おかげさまで、自作のプロモーションビデオに対してさまざまな大学から反応をいただき、6月はじめの段階で30数名の選手の進路がほぼ決まりました。

一方で、もっとも難しい選択を迫られているのが、四番ショートの入江大樹です。昨年から「高校屈指のスラッガー」として注目を集め、プロでスケールの大きな右打者に育つ力を十分に持っています。ただし、まだ粗削りなところがあるゆえに、プロに入ったあと3年や4年で一軍に出てくるようなタイプではないと感じています。

難しい理由のひとつに、プロ野球の置かれた状況があります。無観客試合によって、球団側の収入が減り、さらに試合数が少なくなったことにともない、来年度の選手の契約が難しくなると予想できます。つまりは、例年よりも戦力外通告を受ける選手が減る可能性がある。そうなると、ドラフト指名の人数も少なくなる可能性が高い。入江の上位指名が濃厚であれば、ここまで悩まなくていいのですが……。何とか、彼の目標を叶えるためのサポートをしてあげたいと思っています。

「仕方がない」で終わらせることはできない

5月1日、Ｚｏｏｍミーティングで夏の大会に関する話をしました。Ｚｏｏｍでやるのは心苦しかったのですが、時期が遅れてもいけないと思い、5月に入ったら話をすると決めていたのです。新型コロナウイルスの感染者数は減少傾向にあるものの、前日の4月30日には国内で201人もの感染者が出ていました。

「今の状況で、夏の甲子園が無事に行われると思う？」

ストレートな質問を投げかけると、ほとんどの選手が「かなり厳しい状況」という返答でした。私も、同じ思いです。でも、「こんな状況だから仕方がないよね」だけでは絶対に終わらせたくないし、終わらせてはいけないと思っていました。

高校3年生の夏は、一生に一度しかなく、高校野球も一度しか経験できません。このまま何もできずに終わってしまえば、大人への失望、社会への怒り、そして喪失感に苛《さいな》まれたまま、卒業してしまう可能性も十分にありうる。それだけは、教育に関わるひとりの人間として、絶対にあってはならないと思っていました。子どもたちに、「この国の大人も捨てたものじゃない」と思ってもらえることが、子どもたちへの教育であり、より良い未来につながっていくはずです。

思い出すのが、2011年の東日本大震災のあとに行われた宮城県中学校体育連盟の会議でのことです。たしか、5月頃だったと記憶していますが、野球、サッカー、バスケットボール、卓球など、各競技の地区の専門委員長が200人以上集まり、夏の宮城大会に関する話し合いが行われました。

当初、話の流れは「全競技の中止」でほぼ決まっていたのですが、会議中、ひとりの先生が「子どもたちが絶望している今、子どもたちの希望まで奪ってはいけない。やれない理由を教えてください。人手が足りなければ、子どもたちのために教員、保護者も動きます」と涙ながらに訴え、私を含めた多くの先生が涙をこらえながら拍手を送ったことがありました。この訴えによって、上層部の考えが変わり、その結果、夏の宮城大会は全競技が無事に行われたのです。

今回の感染症とは、置かれている状況が全く違いますが、「子どもたちの希望を奪ってはいけない」というところに関しては、一緒ではないでしょうか。大人があきらめてしまっては、何も始まりません。

私は、5月に入ってから、彼らの「高校野球の終わり方」を強く考えるようになりました。

「高校野球の完結」と言い換えてもいいでしょう。例年であれば、最後の夏の大会が終わった瞬間に引退となる、わかりやすい「終わり方」があるのですが、今年はそうならないことが想像できました。

夏に向かって、どのようにして導いていけばいいか――。

5月12日、「活動再開後の対策と強化ポイント＆心得と計画」と題して、長文のメッセージをグループLINEに送りました。まだ、甲子園の中止が発表される前のこと。日本高野連の決断がどのような結論に至ってもいいように、いくつかの選択肢を考えていました。すべてのプランは、「さまざまな状況が好転してから」という前提があったうえでの話になります。

A　高校時代のかけがえのない想い出を作る【やり切ったと言える取り組みを】
B　理念と信念に基づいた高校野球を完結させる【地域の皆さまと感動を分かち合う・野球が教えてくれた本当に大切なことを披露する】
C　伝統・文化を継承し発展させていく【次の世代に伝え、残し、継承してもらうために】

どのような結論になっても、このA～Cがチーム活動再開後に仙台育英硬式野球部および一人ひとりの部員に必要不可欠なメンタリティと思考として位置付ける。

■夏の大会が開催されるのなら、勝つために克服するべき課題と対応策

0. コロナに感染しないように、今以上の予防策実施と意識

1. 実戦感覚の低下

甲子園で勝つのなら7月に調整などしないで徹底的に練習するしかない。（全国の強豪は、地域によっては例年通りの練習をしているので、他校の多くが調整に入るここでその差を埋める。宮城はオリンピックの練習会場予定だったため、大会の会期が長い。困難の中での偶然のチャンスであり、逃せない。

朝の時間で個人練習（量とスキル）を確保し、放課後は対戦形式、走塁、連携、ケース練習とフィジカル強化にあてる。練習再開後、なるべく早く実戦練習に入れるように、自主練習中にピッチャーの練習を可能な範囲で再編する。

2. 技術面、体力面の低下、ケガの発生

技術は個人練習期間に上がっている可能性もあるので、正しい判断基準（測定や簡単な練

習）で精査する必要がある。仮に下がっている場合は、残された期間で取り返せるのか、それを追いかけるのか、個人との意見交換が必要であり、選択する必要がある。ウエイトトレーニングに関しては、トレーナーと相談。3年生は、できないことはスパッと捨てる。

ケガをすることが練習不足以上に最大の戦力ダウンであり、選手の将来に不安を与えることにもなる。ここは指導者の一方通行にならないように、選手自身の声を、常に風通し良く聴ける体制を作る。トレーナー＆医療チームによるメニュー構成と状態チェック、「選手、指導者、コンサルタント」のトリプルチェックが欠かせない。

また、熱中症が多発する可能性を見越して、休憩や飲料などの対策をぬかりなく。和田照茂トレーナーとメディカルチームを定期的に呼び、状況と状態のチェック。頻度を上げる。

3. 選手選考の時間のなさ

事前案内の通り、6月1週または2週（再開が早まれば）にまず測定を行う。再開後、1週間程度で実施する。基礎体力や基礎技量を見て、振り分けの参考に。早期に、ベースとなるメンバー10名～15名、さらにアクセントメンバー（一芸、代打、代走、守備固め、ワンポイント投手、ショートイニング投手など）の専門性を上げた練習をして、最終的には確定メンバーの特徴によりチョイスする。数字にこだわった競争は、ほとんどできない可能性がある。

※測定目的の補足

単純に上位9人だからメンバー確定、というわけではない。野手であれば、球速130キロや、対角送球1・7秒切りで、スタメン候補の最低基準を満たす（基準を満たしていなくても、打撃が上位なら1～2枠はスタメンの可能性ありなど、スパッといくものではない。ただし、重要な参考資料にはなる）。駆け抜けタイムなどのRUN系で、基礎体力や代走の可能性を探る。打球速度やスイングスピードは長打の可能性（奪進塁）を見ている。また、この休校期間で劇的に伸びている選手を見逃さないため。

4．戦術面（打順による攻撃作戦、けん制各種）の落とし込みの時間のなさ

完全に、人とケースごとに決める。迷わないように整理。試合時に掲示して、共有を図っていく。けん制は最後に追い込む。

5．練習量のなさ（反復不足）からくる基本技術の不足（自分の形の延長ではなく、バントやゴロ打ちエンドラン、野手のゴロやショートバウンド処理能力、捕手のストップとフットワーク能力）

隙間時間を見つけて、組織的にやっていく。可能な人間は、帰宅後の宿題に。

6．何事に対しても時間のなさ

平日のミーティングを全員帰宅後にＺｏｏｍで行うなど、ギリギリまで時間を確保する。そのほか、下級生からも多数の要望が上がっているが、本校は閉門が20時と決まっているので、朝の時間を有効に使うしかない。従来のやり方に固執することなく柔軟に対応する。

7．相手の分析

分析班を立ち上げる。すべての部員の練習時間を削りたくないので、練習時間以外にやれる人を募集したい。通学時間がかからない寮生を中心になのか、能力優先か。

対戦校のデータは秋までさかのぼり、現在も変わらないであろう、変わりにくいものを抽出する。練習試合の偵察など、アンフェアなことはしない。もし、無観客試合になると、夏の試合も他校のデータを取れないので、基本的には自分たちを分析することがメーンになりそうだ。試合中継があるものは、47都道府県すべてチェック。ニュース映像も貴重な資料になるので、録画を分担する。情報量が極端に少ない中での戦いになるので、何をどのように伝えるかは監督と要相談。デリケートな問題になる。

8．無観客や少人数帯同（メンバー＋5名など）を想定した部員全員の試合への関わり方、モチベーションの上げ方、さまざまな規制の中での応援の方法

地域の皆さまと感動を分かち合うには？

チームをひとつにするには？

無限のアイディアを募る。社会の常識や社会との距離（高校野球が開催された場合の社会の人たちが考えること、求めること）、自分たちの活動理念や、各々の信念から逸脱せずに、融合できる方法を模索し、実行する。また、他者に迷惑をかけず部員全員が一致団結、内輪でやれることをやる。

■容易に想定される問題と解決方法

・再度の活動停止（学校内での新型コロナウイルス感染者発生など）
↓自分たちが罹患しないように、これまでと変わらず努めるしかない。
・熱中症（暑さ慣れしていない、集中状態に不慣れ）
↓朝夕の体調＆食事をチェック。練習時の適度な休養、水分補給を個人任せにせず管理する。
・オーバーワークによるケガ（3、4、5月の蓄積がないため、多発する可能性がある）
↓肩・ヒジ・腰に関しては、メディカルチームによるチェック数を増やす。

↓筋肉系の疲労は、報告と相談の徹底と状態の記入（毎日数字でチェックする。例：疲労を5段階で評価するアンケートを作成）。
・焦りからくる精神的な乱れ
↓この活動ができることとの根本的な考え方を、共通理解とする場を設けて、個人面談や電話や1対1で話す時間を意図的に作る。
・新戦力の理解の遅れ
↓能力は達していても、理解が追い付かないことによる、試合でのパフォーマンス低下は避けたい。下級生には、ノビノビと力を発揮できる環境を与えること。それが年長者の役割であり、チーム文化となる。

■もし大会が中止ならば

＊日本高野連の規定や日本学生野球憲章の範囲内でどこまでできるか

【監督案】

1. 鶴岡東、磐城の3校センバツ大会（前記A）

2. 夏の大会に替わる、真剣勝負の場、研鑽してきたことの発表会（前記A）

3. 心を補完するのは自分たちだけでいいのか？ 高野連の規則などがあるが……、同じく苦しんだ小・中学生に大会や楽しみの場を提供する（前記B）

どれも経済的支援が必要なので、親の協力やOBや関係者などの資金援助やさまざまな協力を得るために、ホームページの立ち上げ、パンフレットの作成など、考える必要がある。小・中学生への参加の促し方法、当日のさまざまな係など、多数の仕事がある。早々に実行委員会を立ち上げて、文化祭や体育祭のように組織を作り、外部と連携していく必要がある。

現状では大規模イベントをやれる状況ではなく、難しいことは百も承知だが、目指すべきはココだと思っている。

3については、「小中NEXTプロジェクト」として実施。毎年行っている「感謝祭」を完全に地域、子ども向けに移行する。2DAYS開催で、1日目は試合、2日目はお祭り。小・中学生が失った物を取り返してあげたい。今こそ、活動理念『地域の皆さまと感動を分かち合う』に立ち返る。年長者の役割は、下を育てることにある。

何ができる？ 修学旅行？ 合唱祭？ 運動会？ 学芸会？ 平時の学習機会？

たとえば、修学旅行なら、会場内に各ブースを用意しての体験学習や、郷土料理の提供など。運動会なら、小学校にリサーチをかけて、やりたいことを聴いてみる。

4．後輩と関わりが極端に少なくなってしまった。ここで上級生の姿勢を途切れてしまうわけにはいかないので、9月～12月の週3回日替わりで学生コーチやマネジャー制度を導入（上記C）

8月の新学期以降、3年生の週3回の練習参加は今まで通りとする。ただし、3日のうち1日は、後輩の指導や運営協力のサポートにあたる。主な役割は学生コーチ業とマネジャー業（実戦練習に入り、実際に求めているプレーを見せる、近くでサポートする）、また本来は4月から6月にやるべきだったことをリストアップして、チームの仕事を教え、伝えていく。

どんなときも、理念に舞い戻る。

高校生の私は何ができる？　37歳の監督は何ができる？　むしろ何ができない？　できないことの方が、圧倒的に少ないはずだ。

次の世代に残るものは何かを考える

もしかしたら、甲子園の中止が発表される前に、こんな話をするのは酷だと思う人もいるかもしれません。それよりも私は、さまざまな状況を想定して、早め早めに準備をしていく方が、子どもたちの成長につながると思っていました。

この状況で、何ができるのか、何ができないのかを考え、実行していくことによって、これまでとは違う「高校野球の完結」を迎えられるのではないか。

5月15日には、選手たちに次のような問いかけをしました。

■次の3つの場合に関して、それぞれどのように向かっていくか、想いを記してください

1．甲子園大会が開催される場合（日本一を目指せる）
2．地方大会のみ開催される場合（発表の場がある）
3．大会はすべて中止の場合（一番の真価が問われる）

彼らの、正直な胸の内を聞きたかったのです。一人ひとりの言葉から、複雑な感情がありながらも、「自分たちがやれること、できることに、全力を注ぎたい」という想いが伝わってきました。

【吉野 蓮（2年生）】

1．甲子園が開催される場合

「日本一という目標をブラすことなく、この期間で落ちてしまった個人の技術面やチーム力などをもう一度高めるために、時間をムダにせずに取り組むことが大切になってくると思う。また、一番良い形で3年生が高校野球を完結できるように、自分たちでミーティングなどを開いて何ができるかをしっかり考えていく必要があると思う」

2．地方大会のみ開催される場合

「どんな形であろうと、大会が開催されると決まったからには、その大会をチーム全員で勝ちにいくことが大切だと思う。春の大会が中止になり、夏にかける3年生の思いは計り知れないと思うが、下級生がその熱量についていくことができなかったら、3年生の〝高校野球完結〟を邪魔しているのと同じだと思う。その熱量以上の熱量を持って3年生をサポートしていければいいと思う」

3．大会はすべて中止

「高校球児のすべての人が、悔しいという思いしかないと思うが、仙台育英の3年生が夏にかける想いを汲み取ると、どの球児よりその想いが強いと思う。ですが、その中で新チームをスタートさせていかなくてはならない。3年生が残してくれたものを自分たちの力に変えて、3年生のためにも日本一にならなくてはならないと思う。また、3年生が高校野球を完結するために自分たちができることを探していきたいと思う」

【菅野友雅（3年／学生コーチ）】

1．甲子園が開催される場合

「自分たちの学年が始まったときに掲げた目標は、四大大会制覇。神宮、センバツで達成できなかった。もし、夏の甲子園が開催されたら覚悟を決めて、死ぬ気で日本一を獲りにいきたい。楽しみながら、だけでは日本一になれないと思う。全員の気持ちが『日本一を本気で狙う』と、なったときに、初めて達成される。後輩に姿で魅せる」

2．地方大会のみ開催される場合

「甲子園が中止になった中で、開催してくださるということに感謝したい。勝てば甲子園に行けるという気持ちで、去年の夏を超える戦いをしたい。できることなら、3年生でメンバーを埋めたい。勝つことと同じくらいに、思い出に残すということを大切にしたい。記憶に残る最高の大会にする」

3．大会はすべて中止

「普段、須江先生が話していることのすべて。高校野球から何を学ぶのか。すぐには立ち直れないかもしれないし、行動に移すことも難しいかもしれない。だけど、3年生40人でやってきたことは何も変わらない。自分たち、先輩たちの夢を後輩に託し、最大限のサポートをする。そして、高校野球から野球がなくなった中で、大きなモノを獲得できるようにしたい。それは何なのか、3年生で探していく」

【田中祥都（3年／主将）】

1．甲子園が開催される場合

「短い期間で、全員で競争し、誰よりも練習をする。そしてひとりで進むのではなく、それぞれに役割を与えて、周りを巻き込んでチームを運営していく」

2．地方大会のみ開催される場合

「今までの伝統や、野球の質をつなげられるような試合を目指す。そして、一人ひとりが『仙台育英でやり切った』というような試合にしたい。だから、日々の反省や、後輩にどのような姿を見せていくのかを、常に考えて取り組んでいく」

3．大会はすべて中止

「試合がなくても、後輩たちとの時間はあるので、一緒に練習をしたり教えたりして、次の代に携わっていきたい。今までの先輩が作ってきてくださった良いものを伝えていき、自分たちが変えられるものは変えていく。また、多くの人が苦しんだと思うので、少しずつ力になることをしていきたい。どんな未来になっても必ず、次の代に残るものは何かを常に考えて、3年生全員でそこに対して取り組んでいきたい」

日本一の夢は後輩たちに託す

5月20日、日本高野連から夏の選手権大会、地方大会の中止が発表されました。

5月15日に一部のスポーツ新聞に、「甲子園中止決定」と報じられていたこともあり、ある程度の覚悟はありました。しかし、子どもたちのことを思えば、5月20日の正式発表まで、報じるのを待ってほしかったのが正直な気持ちです。心のどこかでは「無理かもしれないな」と思いながらも、わずかな望みを持って、一生懸命に練習していた高校球児が全国にたくさんいたはずです。

正式発表があった日の夜、全部員でZoomミーティングを開きました。今のチームで、日本一に挑める可能性は完全にゼロになったわけです。3年生一人ひとりが想いを口にする中で、学生コーチの菅野が、「日本一の夢は、後輩に託したい」と堂々と語ってくれました。大人には読み取れない、悔しさや喪失感を持っているはずですが、それでも、「後輩に託したい」と言ってくれたことで、進むべき道がはっきりと見えたように思います。

その後、5月25日に緊急事態宣言が解けたこともあり、寮生が帰寮。感染のリスクを下げるために、公共交通機関は使わずに、保護者の車で送ってもらうことになりました。学校の分散登校も始まり、それと同時に「自主練習」という形で部活動が再開しました。

そして、5月30日の土曜日にはおよそ1か月半ぶりに、全員が集まり、全体練習が再開。目標は、宮城の代替大会を圧倒的に質の高い野球で勝つこと。事前に、Zoomミーティングで3年生の想いを聴き取り、オール3年生で代替大会に挑むことになりました。このときは、8月にセンバツの代替大会が行われるとは、微塵も思っていませんでした。

その後、東北大会の開催も決まり、7月～8月の間に最大で3つの大会が開催されることになりました。社会的にまだまだ難しい問題が残っている中で、完結の場を用意していただいた高野連の皆さまに、心から感謝申し上げます。

それぞれの大会にどのようなメンバーを組み、どんな目標を持って臨むのか。選手の想いを汲みながら、進む道を示していくことが、監督の役割となりました。このあたりの話は、また第5章でご紹介したいと思います。

緊急事態宣言解除後の５月30日、およそ１
か月半ぶりに全員が集まり全体練習を行った

第2章　理念作りから始まった2018年

個人面談からスタートした監督1年目

現在の仙台育英硬式野球部を語るときに、絶対に欠かすことができないのが、2017年に起きた野球部員による飲酒喫煙問題です。日本高野連から、2017年12月5日から2018年6月4日までの対外試合禁止という重い処分を受けました。この問題とどのように向き合い、日々を過ごし、夏に向かって行ったのか。この世代が、『日本一からの招待』を成し遂げるための土台を作ってくれたことが、2019年夏の甲子園ベスト8、同年秋の東北大会優勝、2020年春センバツ出場につながったと言って間違いありません。

私は、仙台育英秀光中を率いていたときから、毎年、秋から夏までの1年間の戦いを簡潔な言葉で総括してきました。2018年の夏が終わったあと、自分のパソコンにこの文字を打ち込みました。

「永遠に残る最高のスタートと1000日が始まった2018年夏――」

夏は甲子園の初戦で浦和学院に0対9の完敗でしたが、200点満点の取り組みができたと思っています。「夢」と「希望」を次の世代につなげてくれた学年でした。

世間を騒がせてしまった不祥事は……、2017年12月6日に地元紙の報道によって公になりました。12月10日に学校で記者会見が開かれ、佐々木順一朗監督と郷古武部長が責任を取る形で退任を発表。後任監督に、2018年1月1日付で、私が就くことが発表されました。

秀光中の2年生に、今は仙台育英でプレーする笹倉世凪や伊藤樹、木村航大らがいて、彼らとともに日本一を目指していた真っただ中でした。翌春の全日本少年春季軟式野球大会の出場もすでに決めていて、「まさか、このタイミングで……」というのが率直な想いでした。彼らに高校の監督になることを伝えると、ボロボロと泣き出す選手ばかりで、大変申し訳ない気持ちになりました。

仙台育英の過去を振り返ってみると、部内の不祥事が何度かありました。情けない話ですが、私が高校3年生の秋にも対外試合禁止の処分を受けています。こうした背景もあり、私が監督に就いたときに真っ先に考えたことが、「もう二度と不祥事を起こしてはならない」。その当事者だけの問題ではなく、お世話になった方々、学校関係者、保護者、仲間、さまざまな人に多大な迷惑をかける。それは、チーム全員が痛いほど実感したはずです。

12月中は、学校の方針でグラウンドでの練習が禁止されていたため、ひたすら話し合いを重ねました。当時のメモを振り返ってみると、規則やマナーの確認に時間をあてていたことがわかります。

■12月10日からの部内の取り組み

11日　寮規則に関して打ち合わせ確認
12日　3年生にミーティング
13日　個人面談（2年）
14日　個人面談（2年・1年）
15日　個人面談（1年）
16、17日　生徒による規則・ルール・モラル・マナーの確認
18～20日　スタッフとのルール・モラル・マナーの確認、決定

丸々3日間かけて、全部員77人と面談を行う中で、共通して投げかけた質問が7つありました。

1. 今回の件について、それぞれの立場で何を考えているか
2. この状況からチームを引っ張ることができる2年生（最上級生）は誰か
3. チームでの係、役割、学年でのキャラクターや立ち位置は

4．あなたはどんなプレーヤーか
5．新監督に何を見てほしいか
6．高校卒業後の希望進路
7．新監督に期待すること、お願いしたいこと

とにかく時間をかけて、彼らの声に耳を傾けました。不祥事を起こした者に対する怒り、悲しみ、あきらめ……、注意できなかったことに対する後悔や甘さ、指導者への申し訳なさなど、選手の中にはさまざまな感情が渦巻いていました。

このとき、チームを受け持った私が思ったことは、「私自身の人間的なバランスが問われる」ということです。平たく言えば、学校側に寄りすぎても、選手側に寄りすぎてもいけない。23歳で教員になってからここまで十数年、学校でも部活動でも、さまざまな生徒指導に関わってきました。そこで、どんな声をかけたのか、どのようにして問題を解決していったのか。いくつもの出来事を思い出しながら、何がベストのアプローチなのかを考えていました。

選手への面談を通じて、決意したことが2つあります。「選手ファースト」「変化は速すぎても遅すぎてもいけない」。急激に何かを変えようとすることで、組織が一気に良くなる可能性

はあります。しかし、どこかで必ず〝ひずみ〟が生まれ、あっという間に崩れるもろさもあるものです。だからこそ、選手の声を聴き、時間をかけながら組織の土台を作ることに重点を置くようにしました。

なお、質問7に対する答えでもっとも多かったのが、「佐々木先生の野球の良いところを引き継いでほしい」ということでした。いくつかの回答を紹介します（複数回答あり）。

Q．新監督に期待すること、お願いしたいこと

順一朗先生の野球と須江先生の野球をプラスして、新しい仙台育英の野球を作ってほしい（56人）／順一朗先生の野球の良いところを残してもらいたい（40人）／レベルの高い野球を教わりたい（25人）／技術指導やプレーに対するアドバイスが欲しい（23人）／強くしてほしい（20人）

私が語るのもおこがましい話ですが、佐々木先生の指導は、自主性と自由を重んじたスタイルで、生徒のことを信頼しています。ガチガチに縛る野球とは対極にあり、選手が持っている力を最大限に発揮しやすい環境にあると思います。大会中、勢いに乗ったときは、とてつもない力を見せる。甲子園でも、ドラマチックな試合をいくつも見せてきたことを、覚えている方

も多いと思います。このやり方は、まだ経験の浅い私には絶対にできません。

選手からしてみると、「須江＝管理野球」だと捉えていたのだと思います。現に、仙台育英秀光中を率いていたときは、やるべきことを細かく決めて、野球の面でも生活の面でも、約束事がたくさんありました。そうしたイメージもあり、「順一朗先生の野球と須江先生の野球をプラスして」という意見が、もっとも多く出たのではないでしょうか。

これは、選手に面談する前から、私自身が思っていたことでもあります。佐々木先生が作り上げた仙台育英の良さを、可能な限り生かしていきたい。それが、強さにつながるはずだと考えていました。

「ここからの2年間で、向こう20年間の仙台育英を作るつもりで取り組んでいく」

選手にはそう宣言しました。「2年間」と言ったのは、佐々木先生の教えが残るのが、そのときの2年生と1年生が最後だったからです。

保護者に向けて発行した『硬式野球部通信』

当時、保護者に向けて、『硬式野球部通信』を発行していました。今、野球部ではどのようなテーマを持って、どんな取り組みをしているのか。随時伝えていくことで、子どもたちが変わろうとする姿勢を感じてほしかったのです。第1号の発行が、2017年12月23日。そこに私は、「再出発への取り組み（個人面談での感想含む）」として、次の9つの項目を記しています。

1. 些細なことでも必ず報告する組織にする。

ミスを許さない組織は、ミスを隠すようになることを理解したうえで。

2. 規律がなく、行動にともなう自覚や責任を理解できていない。

自由を履き違えることがあると、多くの生徒たちも自覚している。必要なルールを全員で設定し、同時に要らぬ慣習や伝統をなくす。

3. 授業態度の改善（現在、寝ている生徒が目立つ）。

当たり前のことだが、野球をする前に高校生として学習と向き合う必要がある。欠点者は月曜日などを利用して学習指導を繰り返すなどサポートが必要。

4. やると決めたことは必ず、決めたレベルでやりきる。グリット力を磨く。

5. 夏へ向けての取り組みを明確に提示しなければならない。

3月から5月2週目まで紅白戦や設定ゲーム、シートオフェンス・ディフェンス。

6. メンバー選びの基準等の公表が必要

技術力はあるべきだが、特に来夏は背番号をもらうのに相応しいメンバーであるべき。

7. 野球が好きな生徒が本当に多い

少しでも長く野球を続けたいと考える生徒がこんなにいると思わなかった。上のカテゴリーでも通用する、野球力を授けたい。

8. 夏は勝ちたい（勝たせたい）

99《パーセント》が応援してくれないことを想定したうえでも。

9. 心のケアが必要

ストレスのはけ口があるのか、話をよく聞く必要がある。

今読み返して改めて思うことですが、このときに感じたことが、組織作りのベースになっています。特に、6のメンバー選考に関しては、毎年少しずつ基準を変えながら、激しい戦いが繰り広げられているのは、第1章で紹介した通りです。「メンバー選考の扉はいつでも開いている」「日本一激しいメンバー争いなくして、日本一にはなれない」は、就任1年目から思っていたことです。

「理念」のない組織に成功なし

グラウンドでの練習は、2018年1月11日に再開しました。野球のスキルを上げること、ゲーム性の理解を高めることと同時に、野球部の理念を作ることに力を注ぎました。何のために高校野球をやるのか、何のために日々の貴重な時間を野球に注ぐのか。

いろいろな話をした記憶があります。グラウンドの近くにあるコンビニの時給を考えると、3年間アルバイトをしたら、それなりのお金を稼ぐことができる。そのお金で留学したり、欲しいものを買ったり、自分に投資することだってできる。今の時代なら、高校生のうちから起業する人間だっている。いろんなことにチャレンジできる環境の中で、どうして野球をやるのか。「どうして?」「なぜ?」という問いかけを何度もしました。

理念のない組織に、成功は生まれません。たとえ1年は勝つことができたとしても、勝ち続けることはできない。話し合いの中で生まれたのが、すでに紹介しているこの理念でした。

『地域の皆さまと感動を分かち合う』

日本一になったとしても、自分たちだけが喜ぶような取り組みであれば、その強さは続いていかず、周りにも波及していきません。

たとえ日本一をつかんだとしても、自
分たちだけが喜ぶような取り組みで
は、地域に根付いた強さは生まれない

さらに、生徒との話し合いを進めながら、さまざまな規律や約束事を作っていきました。チーム全体が、同じ方向に向かっていくためには、共通の価値観が絶対に必要になります。

「自律した人間作り」

自己を律し、自己を確立し、問題と向き合い行動する。その原理原則がすべての道に通じると考える。本質から目を背けることなく、解決に向けて具体的に行動する生徒・選手を育成する。学校内外の規則や法律、約束およびその精神を遵守し、社会から信頼される生徒・選手を育成するため、選手スタッフ一体型の組織を構築する。お互いを尊重し、敬意を払う。

「学業に重きを置く」

学校生活の第一義は学業にある。授業態度の悪い者、学業向上に努力しない者、欠席・遅刻の多い者、学校の教育活動に積極的に参加しない者は、技術が高くとも背番号を持つ部員の代表にはなれない。野球部員である前にまず、高校生としての誠実な行動が第一である。

「野球と徹底的に向き合う」

日本一を追求することが、本質の追究を生む。またトップカテゴリーを目指し、野球に関する高い技術・知識・体力を身につけ、自己実現・各々の目標を達成する。卒業後、硬式野球継続率日本一を目指す。

「地域に貢献する」

日本・東北・宮城県・仙台市・多賀城市の地域に生きる一員であることを自覚し、練習同様に地域貢献活動にも積極的に取り組む。野球を通じて地域の方々と一体となり、感動を分かち合う。

「TPOを身につける」

幼さからの脱却。年相応の能力では目標を達成できず、目的もつかむことができないことを理解する。言動、行動、態度、服装。外見は内面の外側と理解し、TPOに合わせた振る舞いを身につける。

今でも生徒によく話していますが、「チーム作り=文化作り」と捉えています。文化というのは、「その土地に流れる空気や水、言語のように自然なもの」との意味で、伝統よりもさらに高い位置にあるものです。

良い文化が生まれ、それが根付いていくことによって、たとえ選手が入れ替わっても、強い組織であり続けられる。日本一から招かれることを考えたら、1年、2年だけの取り組みではなく、長い年月をかけて、その土地に自然に溶け込むぐらいの文化を作っていかなければなりません。人によって変わる、年によって変わるようでは、それは文化とは言えないのです。

ただし、難しいのは、指導者からの強制では文化にはならないことです。3年生の懸命な取り組みが、後輩たちに自然に受け継がれていく形でなければ、文化は生まれない。不祥事明けの1期生は、組織の土台を作る意味において、重要な役割を担う代になりました。

1月には、選手が考えた2018年のスローガンも決まりました。私が「何であれば、絶対に達成することができるか?」と問いかけた中で、生まれた言葉です。

走姿顕心《そうしけんしん》——。

走る姿に、心が顕れる。野球の能力は関係ない。どんな感情のときでも、「走姿顕心」を実行する。非常に良い言葉だと思いました。

「野球=陣地取りゲーム」

再開後の練習では、「野球の本質とは何か?」を問い続けました。

「本質」というと、難しい言葉に感じるかもしれませんが、「物事の根本にある原理原則」と置き換えてみると、イメージが湧きやすいと思います。

野球の勝敗は何によって決まるのか。言うまでもなく、得点を多く取ったチームが勝つ。公認野球規則1・05に、とてもシンプルな言葉で記されています。

「各チームは、相手よりも多くの得点を記録して、勝つことを目的とする」

では、得点を奪うにはどうしたらいいか――。

本塁を踏むまでの過程を紐解いていくと、出塁1＋進塁3の組み合わせによって、得点が生まれることがわかります。シンプルに言えば、「野球＝陣地取りゲーム」と考えることができるのです。

ただし、野球の面白いところは、アウトと引き換えに一つずつ進塁していっても、本塁は踏めない＝得点にはならないことです。すなわち、無死一塁→1死二塁→2死三塁→3死（チェンジ）。野球をやっている人であれば、「そんなことは知っているよ」となるでしょうが、実はこの当たり前のポイントを見落としている人は意外に多いのです。私はこれを「野球のゲーム性の理解」と名付けて、選手たちに説明しています。

野球のゲーム性を考えると、攻撃側の鉄則は「ベースをまたぐこと」、守備側の鉄則は「ベースをまたがせないこと」。つまり、無死一塁→一死三塁のように、ひとつのアウトで2つの進塁を取れるかどうかがカギとなるわけです。盗塁→犠打、あるいは犠打→盗塁か。もちろん、一番の理想はアウトを取られずに、進塁を稼いでいくことです。チームの共通理解として、攻撃側は若いアウトカウントでのランナー三塁を作り、守備側はそれを作らせない。この考え方を、チーム全員に植え付けていきました。

では、こんな場面を想像してみてください。一死一塁からファースト、セカンド、ライトの中間地点に、フライが上がったとします。カンチャン（ポテンヒット）の可能性があるフライです。一塁ランナーの動きとしてよくあるのが、一、二塁の間で止まり、落ちるか捕られるかの行方を見てしまうことです。これでは、たとえポテンヒットになっても、一死一、二塁でストップ。攻撃側の目的は、若いアウトカウントでランナー三塁を作ること、そしてベースをまたぐことです。その鉄則に従えば、「カンチャンGO！」。相手の野手に好捕されて、ダブルプレーになるのは仕方ない。ここで大事なことは、個人の判断やセンスに委ねるものではなく、チームの約束事として決めておくことです。こうした話を、ミーティングで繰り返していきました。

再開後の練習で力を入れたのが「奪進塁ゲーム」です。ルールは、一塁ベースを基準にして、二塁に進めば1点、一気に三塁まで進めば2点。もし、一塁からホームインすれば奪進塁＝3

点。二塁打を打てば、その時点で1点が加わることになります。
「奪進塁ゲーム」を繰り返していくと、野球がいかに「陣地取りゲーム」であるかが体感できるようになります。少年野球でもメジャー・リーグでも、陣地を多く取ったものが勝利を手にする。この原理原則は、カテゴリーが変わっても同じ。速い球を投げる能力、ボールを遠くに飛ばす能力はたしかに必要ですが、それが勝敗を分ける〝すべてではない〟ということです。

どれだけ、いいスイングをしているバッターであっても、無死二塁から好きなようにスイング――仙台育英では「フルヒッティング」と呼んでいますが、強振してショートゴロやサードゴロを打っているようでは、陣地は進みません。二死二塁の状況であれば、そのバッティングでもいいかもしれませんが、得点を取るためには、状況を見たうえでの打ち方が必要になってきます。特に、2ストライクと追い込まれているのなら、進塁打の意識が求められるわけです。

2018年1月24日に発行した『硬式野球部通信NO・2』には、監督からのミーティングとして、戦い方に関する話を細かく記しました。これを読むと、仙台育英がどんな野球を目指しているか、少しわかっていただけると思います。この基本コンセプトは、今も変わっていません。

■物事の本質と向き合う　「勝ち」に向き合う

・日本一に照準を合わせる「その一つひとつのプレーは大阪桐蔭に通用するのか？」

・理由のない勝ちは続かない。勝ち続けるためには本質に向き合うこと。

■仙台育英は何で日本一になるのか？

・野球力で日本一になる→野球力＝判断力やゲーム性の理解。そして、確かなスキル発揮能力。

■「奪進塁ゲーム」を見ての感想

・カバーとバックアップが怠慢すぎる（競技性の理解がない表れ）

→カバー・バックアップ不足で何進塁させているか？

ボールが動いたら、必ず守っているものが動く。バックアップの役割は進塁させないこと。

バックアップの距離が近すぎる、こだわりがない（理想は20メートルぐらい）。

捕球体勢まで作るのがバックアップ。

捕球体勢が作れなければ、クッションボールに備える。

万が一に備えて〝献身的〟にしなければいけない。

1進塁を防ぐことが、1失点を防ぐことに必然的につながる（勝つことにつながる）

■走塁は野球には欠かせないもの

・1進塁は義務【常に2進塁を狙う】

例：ショートゴロ↓二塁を狙う（ファンブル・送球エラー）

行こうとする姿勢で走って、キャンセルして戻るのが普通。

・0コンマ1秒にこだわる↓0コンマ1秒で70チセンは変わる。

走路の選択（遠心力を考慮して、減速しない）。

いいベースランニングとは＝ベース上を通過するときに最高スピード。

■次の試合の「奪進塁ゲーム」の課題

「目的に合わせた走塁と走路の選択」

若いアウトカウントで走者三塁を作り続ける。

例：無死二塁

二塁走者↓得点を取ることより、一死三塁を作るために最短距離のオンラインにリードを取る。

例：一死二塁

二塁走者→1進塁より2進塁して得点を取りたい。オンラインでリードすると、2進塁するのが遅くなるので、オンラインより後ろにリードする（50㌢刻みで）。

成長のステップは「わかる→できる→いつでもできる」

就任1年目は、野球でも、生活でも、できることを少しずつ増やしていきました。選手によく言っていたのが、「わかる→できる→いつでもできる」という成長のステップです。「できる」ようになるには、物事の意味や仕組みを理解し、「わかる」ことがファーストステップになります。

野球の本質を追求しようとしたら、まずは野球のゲーム性を理解すること。だから、何も知識がない状態の選手たちに、「好きにやってごらん」と任せてしまっては、「いつでもできる」ところまで辿り着けないのです。しっかりと理解できるレベルのところまでは、指導者が教えなければいけない。そう考えています。

たとえば、生活面の目標として、２０１８年1月15日からの1週間は「道具・衣類の整理整頓」を挙げました。靴の向きを揃える、マークの向きを揃える、バックのチャックを閉める、服を畳む。もちろん、グラウンドだけでなく学校でも同じです。選手には「学校での生活が変わらないと、野球も変わっていかない」「小さな積み重ねの毎日でしか人は変わらない」「やると決めたことを、全員でやり切る」「素晴らしい野球がしたいのなら、素晴らしい人間になる」と、話をしていきました。

1月17日の選手ミーティングの内容を振り返ると、「整理整頓」に対するさまざまな課題が挙がっているのがわかります。

■今週のテーマ「整理整頓」

・「整理整頓」の言葉は簡単だがやり切ることができていない。
・須江先生がひとつの例えで、ベンチの中の整理整頓について話しをされたが、ベンチの中しか整理整頓をしようとしなかった。
・自分＋チームができなければいけないのに、自分のことすらやり切れなかった。
・やろうとしているが完成度が低い（理想のクオリティまで達していない）。
・整理整頓する大切さを本質的に理解する（強制や義務と考えない）。

■残り4日間で気をつけること

・自分の意識だけでは足りないので、呼びかけが必要。

・靴は絶対に揃える。
・できた↓いつでもできる（できなければ進まない）。
・どうやって継続するか、対策を考える。

結局、1週間経っても「整理整頓」ができなかったため、次週も同じ目標になりました。選手には「意識は向上したけど、『できる』まではならなかった。『できる』から『いつでもできる』になったら、次の目標に移る」と話をしました。やると決めたことは、全員でやり切る。その積み重ねによって、強い組織が築かれていくと思っています。

大阪桐蔭・西谷監督からの学び

正式に監督に就任したばかりの1月下旬、私は飛行機に乗り、大阪に向かいました。目的は、大阪桐蔭の西谷浩一監督にお話を聞くことと、練習試合のお願いをすることでした。それまで、面識はほとんどなかったのですが、「練習を見学させていただけませんか」と電話をすると、快く受け入れてくださいました。当時の大阪桐蔭は、根尾昂選手（中日）、藤原恭大選手（ロッテ）、柿木蓮投手（日本ハム）、横川凱投手（巨人）らがいて、のちに春夏連覇を達成する〝最強世代〟でした。

練習試合をお願いした理由は、2つあります。対外試合禁止期間中（6月4日まで）のチームのモチベーションにすることと、高校野球界のTop of topとの距離感を知ることです。チームを作っていくには、わかりやすい〝仮想のチーム〟が必要になります。もっと簡単に言えば、ライバルを作る。『日本一からの招待』を掲げる仙台育英から見て、もっともわかりやすい最強のチームは大阪桐蔭だったのです。練習試合は6月末に、大阪・舞洲球場で2試合、組んでいただけることになりました。

西谷監督とお話しさせていただく中で感じたのは、「マメさ」と「丁寧さ」です。西谷監督の選手に対する、手のかけ方、時間のかけ方が、真似できないぐらいマメで丁寧。グラウンドでも、選手と積極的にコミュニケーションを取り、よく話をしていました。何も成し遂げていない私が、こんなことを言うと怒られるでしょうが、西谷監督は〝最高の指導者〟であり、〝最高の営業マン〟でもあると感じました。

世間的には「大阪桐蔭はいい選手を獲っているから強い」と思われているかもしれませんが、いい選手がいるだけで、春夏連覇はできません。そんなに甘いものではない。それは、私を含めて、高校野球の現場にいる指導者が一番わかっていることではないでしょうか。

大阪桐蔭から感じる強さは、あれだけ能力の高い選手が揃っていながらも、個々がチームの勝利のために献身的にプレーしていることです。フルスイングしたい場面であっても、状況を見ながら、自分の欲を消して、進塁打に徹する。なかなか、できることではありません。西谷監督やコーチ陣の教えに加えて、チームとしての「文化」が根付いているように感じます。

西谷監督からは今も心に残る、印象深い言葉をいただきました。

「全員を出場させることはできないが、全員を上手くすることはできる」

たしかに、その通りだと思いました。公式戦のベンチ入りは20名（甲子園は18名）と決まっていますが、日頃の練習や練習試合で、部員全員を上手くすることは、指導者の工夫次第でいくらでもできる。大阪桐蔭は秋の公式戦が終わったあと、メンバー外の選手を中心に、平日の放課後にナイターで練習試合を何試合も入れているそうです。とにかく、試合を経験させる。試合で結果が出なければ、「打てなかったのは自分のせい、自分の力不足」と、自分自身にベクトルが向いていく。どれだけ練習を重ねても、試合の中でできたこと、できなかったことを自覚できなければ、試合で力を発揮できるようにはなりません。

私は宮城に戻ってから、西谷監督の言葉を思い出しながら、野球部の約束事をひとつ追加しました。

「能力の高い限られたメンバーだけではなく、全部員が十分な練習時間の確保とシーズン終了時までに実戦経験・出場機会の確保を約束する（公平にはできないが、限りなく平等にはできる）」

就任1か月で、西谷監督にお会いできたことは、高校野球の世界で戦っていく中でのひとつの財産になっています。

災害援助・地域貢献と真剣に向き合う

2月に入ってからは週に1回、地域の清掃活動を始め（今も続いています）、大雪が降った日には町内の除雪作業も行いました。こうした活動を見た地元の人から、「野球部が変わろうとしているのを感じます」と、嬉しいお手紙を頂いたこともありました。

これは、その後の話ですが、『地域の皆さまと感動を分かち合う』の理念が体現されていると感じた出来事があります。2019年10月上旬に宮城県に上陸した台風19号の影響で、県内は甚大な被害を受けました。私たちは、岩手県で開催されていた秋季東北大会に出場していて、11日の2回戦に勝った後、宮城に戻っていました。13日の朝、選手が集まったときに、彼らの方から「清掃活動に行ってもいいですか」という相談があり、練習時間を清掃活動にあてることになったのです。多賀城市の学校周辺の道路にたまったゴミを撤去するなど、地域の人たちと一緒になって行動しました。

再び、東北大会の会場である岩手に入り、優勝を飾ったのが18日のこと。優勝した3日後には、今度は浸水被害を受けた大崎市を訪れ、部員全員で泥のかき出しや災害ごみの運搬を行いました。この行動も、選手たちの発案によるものでした。

大人の方から、「ボランティアに行くぞ」と言ったわけではなく、子どもたちの方から自然発生的に動いてくれたことが、何より嬉しいことです。高校生にできる範囲にはなりますが、ボランティアや地域貢献に自然に目が向くようになってきています。

高校野球部なので、野球のことに一生懸命になるのはある意味では当たり前のことです。でも、それだけでは理念を果たすことはできません。グラウンドだけでなく、地域や社会の動きにも敏感になる。第1章で紹介した「生き方をじっくり考える」「社会に出る疑似体験」「非認知能力を高める」といったところも、野球だけでは身に付くものではないわけです。

そのほかに、地域の幼稚園や保育園の子どもたちと交流を持ったり、行事に積極的に参加したり、さまざまな活動をしています。

今の高校3年生は、2018年4月の入学後、こうした取り組みを3年間続けてきました。新型コロナウイルスの問題に関して、地域や社会の情勢に目を向けられたのは、1年生のときからの体験や学びがあったことも関係していると思います。

「基準」があるから「評価」ができる

野球の方は、奪進塁ゲームを繰り返しながら、同時に守備と走塁のレベルアップに時間を注ぎました。2月から夏に向けて、「打撃練習はほとんどやっていない」と言うぐらい、守備と走塁に向き合い続けました。選手には、守備と走塁の重要性を、こんな言葉で伝えました。

「大きなことを成し遂げようと思ったら、まずは仙台育英の基本となる野球を根付かせなければいけない。それは、守備と走塁の2つ。夏までに守備と走塁のベースを上げていくから、一緒に戦っていこう」

近年の高校野球は「打高投低」の傾向が続いていますが、トーナメントを勝ち抜くには、まずは守り。そして、「陣地取りゲーム」という野球の競技特性を考えると、走塁の質を高めることは絶対に避けては通れないことです。「バッティングは水物」とよく言いますが、プロ注目のピッチャーに当たると、そうそう長打は生まれない。そのときに、拮抗した展開を打ち破るのは、「一瞬の隙を突く走塁」ということがよくあります。

守備と走塁を高めていくうえで、私が気をつけているのは、「スキルとシステムを混ぜ合わせない」ことです。ボールを捕ったり、投げたりするのが「スキル」で、ポジショニングやカットプレーは「システム」。走塁で考えると、リードの取り方や盗塁のスタートなどは「スキル」で、外野の奥に飛んだ打球に対して、それぞれのランナーがどのように動くかを考えるのは「システム」。システム＝チームの約束事と考えてもいいでしょう。

走塁練習では、ダイヤモンドのさまざまなところにマーカーを置いて、プレーの「基準」を設けました。わかりやすい例で言えば、一塁ランナーの1次リードは最低３６５㌢（一塁ベースから左足までの距離）。「基準」を作っておけば、周りの選手が見たときに、リードが取れているかどうか、明確に「評価」することができます。

「後出しジャンケンだけはしたくない」という私の信念に関わることですが、やるべきことを先に示しておかなければ、選手が迷ってしまいます。試合でたまにあるのが、「リードが小さい！　もっと大きく！」というベンチからの指示です。小さいも大きいも、指導者の主観によるので、試合によってリード幅が変わってしまう恐れがあります。そうならないように、チームの約束事として、あらかじめリード幅を決めておく。その基準をクリアできたうえで、相手ピッチャーのけん制やクイックのスピードを見て、「微調整」を加えていけばいいのです。一塁のリード幅はひとつの例ですが、このような基準をさまざまな場面で設けています。

私は、野球の指導者の仕事は評価することだと思っています。学校の成績をつけるときは、定期テスト、提出物、授業態度など、いくつかの観点から総合的に評価するシステムができあがっていて、評価方法も開示しています。しかし、これが野球の世界になると、指導者の主観がどうしても入ってしまいがちです。言い換えれば、選手を評価する基準が曖昧になりやすい。主観が入ると、客観的に評価するのが難しくなるのは当然のことです。だからこそ、先に基準を伝えておくようにしています。

夏のメンバー入りをかけた部内紅白戦

不祥事明けの1年目、6月4日まで対外試合ができない状況でした。どのようにして、緊張感を持ちながら、夏に向かっていくか。考えた末に取り組んだのが、部内の紅白戦です。すべての成績を数字で集計し、勝敗にもこだわる。最終的には、優勝チームが夏のベンチ入りを獲得できるシステムにしました。

まずは、3月3日から部内を6チームに分けての紅白戦をおよそ2か月重ねました。戦力は偏ることなく、均等に。最後の夏が迫る新3年生を、優先的にスタメンに組む。その中で、新3年生、新2年生それぞれの打席数、登板イニング数がほぼ同じになるように、出場機会を確保することを約束しました。学校の野球場だけでなく、別の野球場をもうひとつ借りて、2会場で6試合行ったこともあります。

3月3日に発行した『硬式野球部通信NO・4』には、監督・コーチの想いを記しています。

「夏へ向けて、『全員のレベルを上げて競争させたい』『空白の時間を取り返したい』『全部員の面倒を本気で見たい』。保護者の皆さま、ぜひ紅白戦を見に来てください。確実に、前進しています」

保護者には、チーム分けだけでなく、試合当日のスタメンも事前に送りました。ひとりでも多くの方に、見に来ていただけることによって、選手の背中を後押ししてくれると思ったからです。場内アナウンスを入れるとともに、すべての選手の出身中学、出身チームも紹介するようにしました。些細な〝演出〟ではありますが、公式戦に近い雰囲気を作り出したかったのです。

また、仙台育英には、ずっと応援を続けてくれるファンがいます。年配の方もいれば、若い女性もいます。紅白戦をやると、保護者以外にも20名以上のファンが見に来てくれることがあります。写真を撮っているファンには、「悲しい思いをさせてしまい、申し訳ありませんでした。頑張っている姿を、ぜひ撮ってください。SNSにもどんどん載せてもらって、構いません。選手が喜びます」とお願いしました。もちろん、常識的なモラルがあったうえでのことですが、こうしたことも『地域の皆さまと感動を分かち合う』の理念につながっていくと思っています。

3月3日から始まった紅白戦は4月末まで続き、6チーム合わせての試合数は100を超えました。野手は計6296打席、投手は計1309イニング。学年別に見ると、3年生の野手は1人100打席、投手は60イニング以上、2年生の野手は平均86打席、投手は平均48イニング以上、経験することができました（それぞれ、ケガの選手は除く）。

そして、100試合以上の紅白戦を行ったあとには、紅白戦の成績と日頃の練習の内容を加味して、部内を4チーム（F1、S1、S2、S3／F＝First、S＝Second）に編成。5月2日から6月3日まで、「代表決定戦」を開催することになりました。優勝チームが、夏のベンチ入りを勝ち取るシステムです。3年生は全員がいずれかのチームに入り、下級生は3月から4月の紅白戦で数字を残した選手が加わる。ピッチャーに関しては、所属チームを固定せず、さまざまな試合で登板し、投球イニングを揃えるようにしました。

5月11日発行の『硬式野球部通信NO・5』には、代表決定戦の趣旨や狙いを詳しく掲載しています。

■代表決定戦の制度と運用

3、4月の紅白戦の個人成績と、日々の練習評価（守備）にてチームを分け、「代表決定戦」を行う。対戦数を調整し、最終的に勝利数の多いチームを優勝とし、夏のベンチ登録確定とする（投手は最大2人、野手は11人／1チームの野手の最多人数が11人のため）。

その登録確定メンバーの特性（攻撃的・守備的など）に合わせた控え選手と、チーム内での必須役割（コーチャー他）の最適者を、監督が20名の登録メンバーとして6月20日に決定する。ただし背番号とスタメンの決定は、6、7月の練習や試合を経て大会直前（背番号）、当日（スタメン）に行う。なお、ベンチ入り条件を満たしていても、活動理念に反した場合は登録を解除する。

■代表決定戦と5月の練習の狙い・着眼点

〈スキル〉

1．控えに回る内・外野手の中で守備が一番安定しているのは誰か（守備固め候補）

2．控えに回る野手の中で打率・出塁率を安定して持っているのは誰か、ＴＯＰ2を探す（代打候補）

3．投手は先発5回を3失点以内（失点の仕方も複数方法により評価し考慮）にまとめられる能力の発揮確認

※完投条件（球威・制球・抜け球の質・追加失点・連続出塁のさせ方・被連打・与連続四死球など）を総合評価。現在はいない先発完投が可能な投手が現れるか。
※能力上位の8人の先発陣を超える、リリーバーがいるか。右投手を凌駕する左投手がいるか。
4．代走のスペシャル（代走探し・1球で走れる・劣勢場面での盗塁・走塁）はいるか

〈メンタル〉
1．走る姿に代表として相応しい心が表れているか（攻守交替のみならず、ONタイムすべての瞬間）
2．どこまでも前向きで、失敗したあとの顔を上げるまでの時間の速さ
3．献身さと凡事徹底力
4．強さと優しさ。発言力と傾聴力。相手の立場になり発言ができ、素直に聞けるか

〈フィジカル〉
1．夏の連戦に耐えうる体力作り
2．投手は球速・制球力アップ。野手はスイングスピードと走力アップ

なお、夏のメンバー入りを争う4チームから漏れた1、2年生は、「NEXTチーム」として、現在地の確認と秋季大会に向けてのレベルアップに励むことになりました。当たり前ですが、何もしないで1日が過ぎることだけはあってはならない。一人ひとりが、自分のやるべきことに向かって進んでいきました。

チームが前に進むときには「疾走感」がある

最終的に各チーム14試合のリーグ戦を行い、FがS1を振り切り、夏のメンバー入り11人の座を獲得しました。勝ったチームも負けたチームも涙、涙。公式戦に負けない緊張感を持って、全選手が戦い続けてくれました。

6月5日には対外試合禁止の処分が解け、県内外との強豪校との練習試合が始まることになりました。月末には、ひとつの目標としていた大阪桐蔭との試合も待っています。

2017年12月から、彼らと関わるようになり、さまざまな声に耳を傾けてきました。指導者として、私が心に誓ったのは、「充実感、幸福感を持って、高校野球を完結させてあげたい」。不祥事が起きたことで、さまざまな想いをしてきた子どもたちです。高校野球が暗い思い出になることだけは、絶対に避けたい。「仙台育英に入って良かった」と少しでも思わせてあげたい。公式戦のベンチ入りは限られますが、とにかく1打席でも多く、1イニングでも多く、試合に出ることによって、練習の成果を発表する場を作ってあげたいと考えていました。

一言で表現すれば、〝疾走感〟のある半年を過ごすことができました。一歩も後ろに下がることなく、常に前に進んでいる。それは指導者の力ではなく、野球ができることに心から感謝し、「仲間とともに甲子園に出場したい」「地域の人が誇れる野球部にしたい」という想いを体現してくれた子どもたち、特にキャプテンの阿部大夢（現・東北福祉大）を中心にした当時の3年生の力です。

このときに感じた〝疾走感〟は、チームを作るうえでの大きなキーポイントとなりました。チームが理念や目標に向かって突き進んでいるときは、日々の取り組みに、駆け抜けていくような疾走感があるものです。もちろん、いつも右肩上がりにグングン伸びていくものではないですが、停滞していたとしても、未来に向けた光が見える。2020年、新型コロナウイルスの問題と戦っていた彼らにも、疾走感がありました。

「継投」と「継捕」の組み合わせ

対外試合が始まってからは、夏の宮城大会を勝つための「組み合わせ」を考えるようになっていきました。トーナメントの話ではなく、「継投」「継捕」「打順」「作戦の選択」に関することです。

部内でのリーグ戦を何度も重ねたことによって、数多くのデータを取ることができました。データは、対戦相手のレベルが変わることによって、その信用度が変化するものですが、２０１８年においては同じ相手と戦い続けたことで、精度の高いデータが揃いました。

この春のセンバツ選考レースの話と重なるところもありますが、ピッチャーでまず評価するのはストライク率です。ストライクが取れなければ、どうにもなりません。理想は、ストレートを含めた3球種でストライクを取れること。65パーセント以上が目標ですが、これは星稜高で活躍した奥川恭伸投手（現・ヤクルト）クラスのレベルであり、ここまでのレベルはさすがに難しい。合格点は60パーセント前後で、最低でも55パーセント以上。それ以下では、なかなか試合を作ることができません。

一定以上のストライク率があるうえで重要視したのが、ランナー一塁からの被進塁率です。

ランナーを一度も背負うことなく、完全試合で終わることができればいいですが、まずありえません。試合を作れるピッチャーほど、ランナーが出たときにこそ、力を発揮できます。状況としてもっとも多い場面が、走者一塁。そこでどんなピッチングができるか。一塁にクギ付けにできるピッチャーは、セットポジションでの投球に安定感があり、三振を取ったり、ゴロを打たせたりすることができ、けん制やクイックにも長けている。勝てる要素を持ったピッチャーと言えます。

この代の中心は、3年生の夏に背番号1を着ける田中星流（現・早稲田大）と、2年生で野手兼任の大栄陽斗（現・中央大）でした。絶対的な柱が不在のため、夏を勝ち抜くとしたら継投が主になることはわかっていました。どちらもストレートの球速にはほぼ変わりがなく、田中は球種が多彩。大栄は球種が少ないながらも、スライダーの切れ味が鋭く、奪三振率が高い。球種が多く、的を絞られにくい田中を先発に、大事な場面で三振を奪える大栄を後ろにする構想を持っていました。プロ野球を見てもわかるように、球速があり、奪三振率が高いピッチャーを後ろに置くのが、継投のひとつのセオリーだと思います。

もうひとつ、2018年のチームに取り入れたのが「継捕」です。ピッチャーをつなぐのが「継投」であるのなら、キャッチャーをつなぐのが「継捕」。周りからは非常に珍しく思われたのですが、チームの事情もありました。先ほどお話ししたように、部員全員、特に3年生に満足感、充実感を持って、最後の夏を終えてほしい。甲子園に出ること、甲子園で勝つことも大事ですが、それ以上に、みんなが「やり切った」「力を出し切れた」という幸福感を追求していました。そのためには、ひとりでも多くの選手が公式戦に出場し、勝利に貢献することが望ましかったのです。

また、絶対的な正捕手が不在という背景もあります。ベンチ入りのキャッチャーにそれぞれ個性があり、ベンチの起用方法によって、その良さを生かすことができると考えていました。中心となったのは、我妻空、鈴木悠朔（現・八戸学院大）、阿部の3年生3人です。我妻は肩の強さが武器で、配球は教科書通りのセオリー型。鈴木はバッティングが特長で、守備はソツなくまとまり、配球はデータ重視の理論理屈型。阿部は3人の中でもっとも経験があり、配球が大胆で面白く、予想がつかない。

紅白戦や対外試合の中で、バッテリーごとの「ストライク率」「奪空振り率」「一塁からの被進塁率」などを調べ、相性のいいバッテリーの組み合わせを探していきました。

さらに付け加えると、継投・継捕を採用することによって、ピッチャーとキャッチャーのところで代打を出せる機会が増えます。そうなると、打撃に自信のある代打陣の活躍の場が出てくるわけです。代打が出塁すれば、代走も出せる。こうして人が替わっていけば、チームに勢いが生まれ、劣勢のときにはゲームを動かすことができます。

ある意味では、大黒柱不在だからこその起用法でしたが、選手のモチベーションを上げて、適材適所で役割をまっとうするという点では、新しいチームの形が見えるようになりました。

攻撃面では、「作戦の選択」を詰めていきました。どういうことかというと、走者が誰で、打者が誰のときに、どんな作戦を取るか、あらかじめ決めておくのです。打順が決まれば、走者と打者の組み合わせもほぼ決まります。ものすごく簡単な例を示すと、走者Aが三塁ランナーで、打者Bが打席にいるときは「スクイズかセーフティスクイズをやる」ということです。シーズンに入ってからも、バッティング練習をほとんどやらず、守備と走塁に徹底的にこだわってきました。正直、打撃にはさほど期待していない。だからこそ、若いアウトカウントでランナーが三塁に進んだときには、是が非でも得点がほしい。やるべきことを明確にして、選手にも提示しておくことで、迷うことなく作戦を選択することができるのです。

県大会決勝で見せたバッテリー交代

6月末には、大阪の舞洲球場で大阪桐蔭との練習試合が行われました。午前中から2試合組んでいただき、1試合目が2対9、2試合目は2対4で敗戦。1試合目、大阪桐蔭はフルメンバーで、ピッチャーは柿木投手から根尾投手のリレーでした。

2連敗でしたが、さまざまな収穫がありました。ひとつは、高校野球のトップチームの現在地がわかったことです。どのレベルまで持っていけば、頂点を獲れるのか。6月末ということで、大阪桐蔭の選手に疲れもあったとは思いますが、目標とすべき場所を見ることができました。

もうひとつ、観客ではなく対戦相手として、トップチームの息遣いや空気感、声のかけ方、ワンプレーに対する目の向け方、打席での修正方法、狙い球の徹底など、勝敗に関わる細かなことを感じられたのも収穫です。

前々から感じていましたが、才能に恵まれた選手たちがチームプレーに徹し、勝ちにこだわっている姿に、強さを保ち続けている理由を感じ取ることができました。

大阪桐蔭とは2019年にも試合をお願いしたかったのですが、日程が合わずに断念。2020年は、甲子園で当たるつもりでいました。甲子園での対決がいつ実現するかわかりませんが、「大阪桐蔭に勝てるチームでなければ、日本一からは招かれない」と思い続けています。

春季大会に出場できなかったため、ノーシードからの戦いとなった夏の宮城大会は、初戦から気仙沼向洋、仙台一、角田、東北学院を下し、ベスト4進出。4試合中、完投は東北学院戦のみで、キャッチャーも3回戦以外は継捕で臨みました。

キャッチャーの使い方で一番重視したのが、相手がどのタイミングで盗塁を仕掛けてくるかです。序盤か中盤か、あるいは競った展開の終盤にも仕掛けてくるのか。これは、ほとんどの監督に共通していますが、序盤に積極的に仕掛けたとしても、終盤に1点負けているような場面でスチールのサインを出す監督はあまりいません。かなりの勇気と覚悟と信頼が必要になるからです。

こうした心理を考えると、肩の強い我妻をスタメンで使い、打撃のいいバランス型の鈴木を代打から守備へ、抑えキャッチャーとして経験豊富な阿部を投入。ピッチャーとの組み合わせもありますが、このやり方がひとつの型になっていました。

準決勝の仙台三との試合では、2対2で迎えた4回裏一死から、我妻に代打・鈴木を送ったところ、安打で出塁。これをきっかけにして、2点を勝ち越し、試合の主導権を握ることができました。鈴木はそのままマスクをかぶり、8回からは阿部を投入して、5対2で逃げ切り。3人のキャッチャーがいたからこそできた戦い方でした。

古川工との決勝戦では、2対0でリードした6回表に、大きなターニングポイントが訪れました。田中が打ち込まれ、無死満塁のピンチ。ここで、マウンドに大栄を送り込み、同時にキャッチャーも鈴木から阿部に交代しました。キャッチャーは、スタメンが我妻で、二番手が鈴木。6回途中から阿部を出したのは、これまででもっとも早い決断でした。

「こういう場面こそ、阿部の経験と予測不能の大胆なリードが生きる」

奪三振率の高い大栄のピッチングと、経験豊富で大胆な配球ができる阿部に託したところ、見逃し三振、見逃し三振、内野フライで切り抜け、相手に行きかけた流れを見事に食い止めてくれました。

夏の甲子園では、初戦で浦和学院と当たり、0対9の大敗。渡邉勇太朗投手（現・西武）のストレートとスライダーに対応することができず、悔しい敗戦となりました。それでも、駆け抜けてきた過程が素晴らしく、試合後にはこれまでの取り組みに拍手を送りました。

この翌日の新チームから、「日本一までの1000日計画」を立て、3年後に高校野球の頂点を獲ることを、チーム全員の目標にしました。もちろん、2019年、2020年に「日本一を目指さない」というわけではなく、「1000日以内に、日本一から招かれるチームを作る」。日本一を本気で狙い続けることによって、野球の本質と向き合うことができる。頂点に立つにはそれにふさわしい準備と、偽りのない日々が絶対に必要になります。

2018年世代が築いた仙台育英の文化

浦和学院に敗れた3年生は、「甲子園出場」という結果だけでなく、仙台育英の文化になりうる礎も築いてくれました。

7月はじめに夏のメンバー発表をしたあと、メンバーから漏れた選手は、甲子園でのメンバー入りを目標に練習を重ねていました。仙台育英の方針として、公式戦のときに全部員から選ばれた18名（または20名）がベンチに入るだけで、そこに至るまではずっと同じ練習をしています。自ら、「学生コーチをやらせてください」「下級生の指導に回らせてください」という申し出がない限り、夏が終わるまで、グラウンドで戦い続けることができます。

私が一番気にしているのが、最後の夏の試合が終わる前に、メンバーとメンバー外で気持ちの部分で溝が生まれてしまうことです。わかりやすく言えば、多くのメンバー外が「もう、オレの高校野球は終わった」と引退した気持ちになってしまう。第3章で詳しく触れますが、私の高校時代がまさにそんな感じでした。

その空気がとにかくイヤだったこともあり、最後の最後まで3年生全員が戦えるチームを作ることに気を配りました。部内の紅白戦を繰り返したのも、その一環です。練習の成果を発表する場を、必ず提供する。選手にはよく、「試合は発表会」と言っているのですが、試合に出るチャンスがなければ、何のための練習かわからなくなってしまいます。

2018年の代からは、9月の新学期開始から12月まで、「週3日の練習参加」を3年生の新たなルールにしました。目的は2つあり、ひとつは大学野球への準備、もうひとつは仙台育英の野球を後輩に伝えていくことです。

木製バットに切り替えて、大学野球を見据えた練習に入り、甲子園のベンチから漏れた者も、自らの意志で当たり前のようにバットを振っています。高校野球の公式戦は夏で終わったとしても、野球選手として自分を高めることに終わりはありません。「週3日」は野球部のルールではありますが、それ以外の日にも自主的に練習に参加する3年生が多く、前向きに取り組んでいた姿が印象に残っています。「チーム作り=文化作り」の項でも話しましたが、これが、指導者からの絶対的な強制であっては文化につながっていかないのです。

この3年生の姿を、下の世代は見ています。同じ立場になったときに、最後まで自分の技術を上げるために練習をすることが、当たり前になってほしいのです。たった1年では、まだ「文化」とは呼べませんが、そこにつながる礎を作ってくれたと思っています。

2018年夏の甲子園１回戦で浦和学院と対
戦。試合には敗れたが当時の３年生は新た
な仙台育英の文化につながる礎を築いた

第3章　『日本一からの招待』を追い求めて

高校2年秋、選手からGMに転身

今から22年前の春、「仙台育英で甲子園に出たい」という一途な想いで、小さい頃から育った埼玉県比企郡を出て、宮城に来ました。大学はさらに北に向かい、青森の八戸大（現・八戸学院大）へ。気付いたら、人生の半分以上を東北の地で過ごしていることになります。さすがにもう、凍てつくような冬の寒さにも慣れました。ベンチコートは欠かせませんが。東北の先生方、地域の皆さま、そして家族のおかげで、充実した日々を過ごしています。

選手にも話していることですが、いつ何を、どのタイミングで選択するかによって、人生も野球の勝敗も決まってきます。15歳のときの選択が正しかったかどうかはわかりませんが、住み慣れた町を離れたことによって、お金では買うことができない強烈な経験を得ることができたのは確かです。

この第3章では、私の原点とも言える高校時代、そして自分の力のなさを痛感した秀光中での12年間の日々を振り返ってみたいと思います。

小学生、中学生のときは、田舎のチームのキャプテン。一番・ショートが定位置でした。進路は、はじめは地元の進学校・松山高校を考えていたのですが、仲の良かったエースが栃木の宇都宮学園（現・文星芸大付）に進学すると聞き、「自分も県外で勝負して、甲子園に出たい」と思うようになったのです。

当時、地元の中学から東北高校に進んでいた先輩がいて、仙台育英の設備や環境の良さを何度か聞いていました。「育英はすごいぞ」と。純粋すぎる想いだけで、仙台育英一択となり、夢と希望を抱いて、仙台に向かうことになりました。

今思えば、若さゆえの勢いだったのでしょう。入部して数日で、場違いなところに来たことに気付きました。レベルが高いことはある程度想像していましたが、もう想定以上の世界。3年生が果てしなく大人に感じ、同級生のレベルもケタ違い。これから3年間、圧倒的な努力をしても、到底追いつけない。野球人生で、初めて味わった挫折でした。

1年時、唯一目立ったのは、校内のマラソン大会です。後に都大路で活躍するような駅伝部のランナーに競り勝っての優勝。そのときのメダルは、自宅に大切に飾ってあります。佐々木先生は今でも、「須江は長距離だけは速かった」と言うのですが、スタミナと根性にだけは自信がありました。

野球のほうは、2年生の夏まで練習試合すら出たことがなく、紅白戦で1試合か2試合出場した記憶しかありません。当時はＢ戦も組まれていなかったので、ひたすら練習していました。でも、そういう時代です。「何でチャンスをくれないんだよ」なんて思ったこともありません。夜遅くまでバットを振るなどして、何とか食らいつこうとしていました。下手なこと、才能がないことは、自分が一番わかっている。選手として、甲子園に出たい。その気持ちに変わりはありませんでした。

2年生の新チームになったとき、その後の人生を左右する大きな出来事がありました。当時、チームの決まりとして、最高学年からひとり、ＧＭ（グラウンド・マネジャー）を出さなければいけない。ＧＭは、佐々木先生と選手の間に入る役割があり、前任の竹田先生が作ったポジションです。ＧＭになった時点で、プレーすることはできなくなります。

先輩からの推薦もあり、候補に挙がったのが私でした。おそらく、同級生に厳しく言うタイプの性格だったからでしょう。先輩から「オマエしかいないぞ」と説得されましたが、正直、絶対にやりたくありませんでした。地元を出て、仙台育英で勝負しに来たにもかかわらず、選手としての戦いから逃げたように思われるのが、恥ずかしかったからです。浅はかな考えだと、今ならわかります。

結局、誰もやろうとしなかったことと、「自分がチームの役に立てるのはこれしかないんじゃないか」という想いで、引き受けることにました。やるからには、絶対に勝つ。甲子園で結果を残す。選手のとき以上に、勝つことに固執するようになりました。なぜなら、結果を出さなければ、自分がGMになった意味がなくなると思ったからです。

私の選手としてのキャリアは、ここで終了。高校時代は、練習試合にも一度も出ていません。これは、今でも大きなコンプレックスになっています。本当に、何ひとつ、実績がありませんから。それゆえに、その後に秀光中で監督の役割をいただいたときには、他の人がやらないような発想や工夫でチームを作っていきたいと思いました。選手時代の実績が何もない分、「負けたくない」という想いだけは、人一倍持っている自負があります。

3年春センバツ準優勝からの苦しみ

GMになってからの日々は、うまくいかないことばかりでした。GMは選手ではなく、指導者寄りの立場です。だから、同級生に対して、誰よりも厳しく接していました。1秒でも、集合時間に遅刻した者がいれば、烈火のごとく叱り飛ばす。練習の雰囲気がぬるいと、ブチ切れる。わかりやすくいえば、昔ながらの指導者。教員になってからのことを考えても、あのときが一番怒っていたと思います。当然、同級生には嫌われます。「学生コーチは、嫌われてナンボだ」なんて声も聞きますが、嫌われるよりは、好かれているほうが、何倍もやりやすいものです。

一番辛かったのは、相談できる同級生がいなかったことです。問題をひとりで抱え込み、ノイローゼになりかけていました。逃げ場がない。チームがうまくいかないのは、すべてGMのせい。悩み、苦しみました。

当時の佐々木先生は雲の上の存在で、〝神様〟でした。怖さも感じていましたが、それは決して、高圧的な怖さではなく、見透かされている怖さ。私が何時間もかけて、「これを言おう」と準備してきたことが、一瞬で否定されてしまうのではないか……、とんだ見当違いで迷惑をかけてしまうのではないか……。ひとつの言葉を発するだけでも、相当な準備と覚悟が必要でした。

チームには、エースの芳賀崇（現・宮城県立村田高校監督）を筆頭に、能力の高い選手が揃っていました。秋に東北大会を勝ち抜いて、センバツ出場権を勝ち取ると、翌春のセンバツでは常総学院に敗れるも準優勝。力を十二分に発揮できた戦いでした。

夏こそは東北勢初の日本一へ。周りはそう期待していましたが、センバツ後の私たちは、空中分解の状態でした。センバツ準優勝ということもあり、連日のようにメディアの取材があり、女性ファンもグラウンドに大勢集まるようになりました。ファンレターも届いていました。目当ては、センバツで活躍した選手たち。それ以外の選手はまったく見向きもされない。日が経つにつれて、気持ちの面で大きな隔たりが生まれるようになりました。それをどうにかして解消するのがGMの仕事ですが、当時の私にそこまでの説得力も指導力もなく、部員一人ひとりに対するケアが不足していました。メンバー外が練習をボイコットしたこともありました。

それでも、個々の能力は県内では抜けていたので、夏は宮城大会の決勝へ。相手は、2年生の高井雄平投手（現・ヤクルト）がいた、ライバルの東北高校です。よく覚えているのは、決勝戦の朝に「最後だから、ちゃんとやろうぜ」と、ようやくひとつにまとまったことです。高井投手の力のある球に苦戦しましたが、延長11回の激闘に1対0で勝つことができました。

しかし、甲子園の切符を勝ち取ったことで、もう大半の選手が満足していました。甲子園では、春に7対1で勝利していた沖縄の宜野座に、1対7と逆のスコアで完敗。試合後、しばらくしてから、「本当にこれで良かったのかな?」という雰囲気になったのを、よく覚えています。

高校3年間を振り返ると、悔いしか残っていません。自主練習をしていたつもりでしたが、あとになって思えばもっとやれたはず。食事を工夫すれば、もっと体を強く大きくできたと思います。GMになってからも、自分が言っていることと、実際にやっていることに差があり、同級生の中には「オマエに言われたくないよ」という気持ちもあったはずです。私がもっとしっかりしていれば、センバツ以降の道のりも変わっていたと思います。

とても興味深いのは、私を含めた同級生5人が、高校で監督をしていることです。仙台育英は毎年100名を超える部員がいますが、指導者の道に進む卒業生はほとんどいません。それにもかかわらず、芳賀が村田高校、米倉亮が古川学園（宮城）、渡辺智幸が福島県立本宮高校、佐藤貴博が岡山学芸館で指揮を執っています。センバツの決勝まで勝ち進みましたが、自分たちの高校野球がどこか不完全燃焼に終わってしまったことが影響しているのだと思います。

私が、「指導者になりたい」と思ったのも、この3年夏がきっかけです。「自分の高校野球はまだ終わっていない」「このままでは完結できない」。負けたときに、率直に思ったことです。

今の選手たちに、「高校野球の終わり方が大事」とよく話しているのは、自分の苦い経験があるからです。どう終わるかによって、そこまで歩んできた道のりの評価も変わる。それはたとえ、日本一を果たしたとしても、内容と結果が一致したものでなければ、充実感は生まれないものだと思います。

最終的に、指導者を目指す決め手となったのは、甲子園で負けたあと、8月下旬に日大三高の練習を見たことでした。その年の夏に、近藤一樹投手（元・現・ヤクルト）、内田和也選手（元・西武など／現・立正大立正高校監督）らを擁して、夏初めての全国制覇を達成。チーム一体となって戦っている姿に、感銘を受けました。甲子園の取材でお世話になったライターさんにお願いして、小倉全由監督につないでいただいたところ、名もなき高校3年生を快く迎え入れてくださいました。

「やっぱり、高校野球はこういうものだよな」というのが、日大三から抱いた素直な感想です。全員がひとつのボールに集中し、きつい練習ながらも、充実した表情で野球に取り組んでいる。指導者として、高校野球に携わりたい。そう決意することができました。

大学は、佐々木先生からの紹介、そして藤木豊監督（現・明秀日立コーチ）からの誘いもあり、実力を付け始めていた八戸大に進学。1、2年生はマネジャー、3、4年生のときは学生コーチとして、のちにプロに進む青山や内藤らと日本一に挑みました。

大学での4年間を一言で表すのなら、〝大人の世界〟を学びました。大変なことも、厳しいこともたくさんあり、私自身がチームに迷惑をかけたこともありました。それでも、〝疾走感〟があった4年間だったことは確かです。まだ全国大会での実績がないところから、本気で日本一を狙い、学年が上がるにつれて確実にチームが強くなっている。強くなるまでの過程をその目で見て、肌で感じられたことは、指導者になった今、間違いなくプラスに働いています。

週2日の練習、ボール3球から始まった秀光中

大学4年時、卒業後の進路をどうしようかと考えているときに、恩師である佐々木先生から「秀光中の監督になる気持ちはあるか?」と連絡をいただきました。私には直接言っていませんが、高校在学中にGMとして苦労をかけたことを気にされていたようです。大学でさまざまな苦労を経験し、人間的に少し成長したという期待もあったのかもしれません。断る理由は何もなく、引き受けさせていただくことになりました。

学校の歴史を少しお話しすると、1996年に仙台育英学園秀光中学校として開校し、2003年からは6年制の仙台育英学園秀光中等教育学校となり、難関私大や国公立大を目指す学校に生まれ変わりました。東北地区では初めての中等教育学校になります。寮も備えていて、掃除、洗濯を自らの手で行い、夜には「義務学習」の時間が設けられています。

野球部創部は2005年。翌年、私が就任したときには部員12名で、ほとんどが野球未経験者でした。「仙台育英」という名が付いていることもあって、「中学校から野球部の強化を始め

た」とよく勘違いされるのですが、決してそんなことはありません。当時は、平日2回の練習のみで、土日の活動はなし。学業優先のため、放課後の練習にいつも来る部員は3名しかいませんでした。

驚いたことがいくつもあるのですが、打ったあとに三塁に走った選手が本当にいました。マンガの世界の話ではありません。部にあるボールは3球だけ。すぐに自腹で100球のボールを買い、3年の分割払いでピッチングマシンを購入。大学卒業したばかりの身なので、3年の分割がギリギリでした。

当然ながら、勝てません。春の地区大会は、0対30の大敗。あまりにもかわいそうな展開だったため、翌年から「3回コールド」という規定ができたほど。今でも忘れられないのは、相手の外野手3人が、ダイヤモンドの中で守っていたことです。〝なめられた〟という次元の話ではありません。ただただ悔しくて、選手と一緒に泣きました。

この敗戦が、指導者としての本当のスタートになりました。負けるのが、こんなに悔しいことなのか。それも、今まで経験したことがない屈辱的な負け方だったわけです。

夏の全中（全国中学校軟式野球大会）につながる予選も、地区大会の初戦でコールド負け。それでも、最初の練習で三塁に走った子がヒットを打ち、ベンチは優勝したかのような騒ぎになりました。

一つひとつのシーンを、今も鮮明に覚えています。「全中」や「日本一」とは全くレベルの違うところで野球をやっていましたが、週2日の練習が本当に楽しくて、できないことができるようになったときに見せる子どもたちの笑顔が美しく、彼らからたくさんのエネルギーをもらっていました。

私は、このとき23歳。「情熱」だけでは持っていました。新チームになってから、ボールを100球追加注文し、部員全員分のバットも購入しました。もちろん、分割払い。「借金」が溜まっていったのですが、「先行投資」だと自分に言い聞かせていました。とにかく、子どもたちのために野球ができる環境を作ってあげたかったのです。

忘れもしない2006年9月29日、地区大会の初戦で創部初勝利を挙げることができました。監督でつかんだ初勝利。このときの日付と、全選手の名前を入れたウイニングボールは、自宅に大切に飾ってあります。あまり、こうした記念球を飾るタイプの人間ではないのですが、このときの1勝は本当に嬉しくて、これから先もずっと忘れることのない1勝といって間違いありません。ここから、学校にお願いして、活動日を週3日に増やしてもらい、冬には週5日になっていました。

今でも自室に飾っている秀光中
初勝利のウイニングボール

同時並行で進めていたのが、秀光中の取り組みを地域の少年野球に伝え、広めていくことでした。これも、学校から「強化しなさい」と言われたわけではありません。自分でA3サイズ1枚の案内書を作り、指導方針やこれからの未来について、思いの丈をまとめました。それを地元の少年野球チームに配り、関係者の方々に「秀光中をぜひよろしくお願いします」と頭を下げて回りました。

次年度に、「仙台育英」の名前の力もきっとあったと思いますが、NPBジュニアトーナメントの楽天ジュニアで活躍した渡辺、早坂、平田謙太といった力のある選手が入り、日々の練習が一気に活気付きました。

2009年夏、指導者人生を変えた1敗

私は中学、高校の監督として、数々の敗戦を経験しています。その中で「指導者人生を変えた1敗」を挙げるとするのなら、2009年夏の宮城大会準決勝、大崎市立古川北中に0対2で敗れた試合です。渡辺や早坂が3年生になった代で、彼らのあとを追って、下の学年にも楽天ジュニアに選ばれた選手が入部していました。県外にも遠征に行くようになり、雑誌に名前が出ている「名将」と呼ばれる方々にも、怖いもの知らずの勢いで電話をかけ、練習試合のお

願いをしました。福島県いわき市の選抜チーム「いわき松風クラブ」を率いていた磯崎邦広先生、桐蔭学園中（神奈川）の大川和正先生、星稜中（石川）の田中辰治先生はじめ、今もお世話になっている先生方です。

目標は全中出場、日本一。新チームから負けなしで、秋の東北大会を優勝し、夏も優勝候補の一番手。この準決勝も、勝てるイメージしか持っていませんでした。

ところが、軟式野球特有のランナー三塁からのエンドランを防ぎきれず、こちらはスクイズ失敗。リードされたところで、下級生が浮足立ってしまい、持っている力を発揮できずに敗れました。試合中、泣いてしまう下級生もいましたが、それもこれもすべては監督の責任。「勝敗は、持っているもの勝負ではなく、出したもの勝負」。野球の厳しさ、一発勝負の怖さを、初めて体感した試合でした。

敗因のひとつは、相手の力を過小評価していたことです。相手のエースは、スピードはそこまでないながらも、アウトコースの出し入れが非常に上手く、勝てるタイプのピッチャーでした。打撃陣に対しては、「渡辺のストレートは打てないだろう」と予想していたのですが、ゴロを打つことに徹底し、フルスイングせずに進塁を重ねてきました。2点をリードされたあとは、「大丈夫」「いける！」と根拠のない声を送り続け、狙い球の徹底もないまま完封負け。

泣きじゃくる選手たちを見て、「もう二度と負けさせてはいけない」と誓いました。夏に負けるたびに感じていることですが……、夏が終わるたびに、指導者としての力のなさが情けなく、子どもたちにはただただ申し訳ない気持ちでいっぱいになります。

翌日、2009年7月23日、私はスローガンを打ち立てました。

『神様に勝ちを許されるチームに　～日本一からの招待～』

日本一を獲りたい、勝ちたいと思っているうちは、望んだ結果は手に入らない。目標から招かれるような取り組みをした先に「日本一が待っている」と、考え方を変えたのです。でも、どんな条件が必要なのかは、正直わからない。だからこそ、「このぐらいでいいだろう」という考えは一切捨てて、終わりが見えないものに、妥協なく挑戦していくようになりました。

全力疾走、バックアップ、カバーリング、打撃力、守備力、走力、挨拶、振る舞い……、当たり前のことを高いレベルでやり続けていく。当時、グラウンドにあったホワイトボードには、こんな言葉を記しました。

●すべての行動に意味を持つ

↓結果やゴールばかり見ず、意味を持てば、自然にたどりつく

●先頭にいる自覚・プライド

↓自分はどれだけ幸せか！　日本一の幸せもの

すでにお話ししているように、「理念なき組織に成長はない」と考えています。秀光中を率いていたときは、まだ確固たる活動理念はなかったのですが、『日本一からの招待』がそれに近いものでした。「招かれる」という発想を持つようになってから、チームに一本の柱ができたように感じます。

2010年夏、指示の曖昧さが生んだ敗戦

2010年、前年に悔しさを味わった後輩たちが、一回りも二回りもたくましくなり、宮城大会、東北大会ともに制して、東北第一代表で岡山開催の全中に出場しました。

大事にしていたテーマは「人のためにやろう」。

ひとりの力でできることは、たかがしれている。人のためにやることで、周りの心が動き、大きなエネルギーが生まれる。「大人になったときに、周りの人に協力してもらえる人間になろう。そのために、中学生の今から、人を動かすためにはどうしたらいいかを学んでほしい」と伝えていました。全力疾走もバックアップも、人のためにやり切る。応援してくれる仲間、

支えてくれた保護者のために走る。そこを徹底し、実践してくれた子どもたちでした。

全中では初戦の2回戦で上富田町立上富田中（和歌山）を破り、3回戦の相手は上三川町立上三川中（栃木）。大関頼之先生（現・上三川町立本郷中）の丁寧な指導のもと、公立中学校のお手本のような堅実な戦いで、負けない野球を見せていた学校です。エースの黒須裕太投手は、前日の2回戦で完全試合を達成。両コーナーの精度が高く、完成度の高いピッチャーでした。

誰が考えても、1点を争うロースコアの戦いになる。前日のミーティングでは、「相手の八番打者に気をつけること。状況によっては、歩かせてもいい。打順は八番だが、調子がいい。クリーンアップを打つ力を持っている」と、バッテリーに伝えました。後で知ったことですが、春までは四番を打っていた選手でした。

0対0で迎えた5回裏、二死二塁のピンチを迎え、打席にはその八番・串田涼一選手。一塁が空いた状況です。私はタイムをかけて、バッテリーを呼びました。「わかっているな。慎重に、はっきりな」。初球、ベルトのコースの甘いストレートで1ストライク。「あれ？　指示の意味をわかっているのだろうか？」と思ったものの、タイムを取らずに、そのまま試合を流した結果、3球目のヒザ元のストレートを見事にセンター前に運ばれ、貴重な先制点を奪われました。うちのエースにとって、夏の公式戦12試合目で初の失点でした。攻撃陣は、相手エースの黒須投手の完成度の高いピッチャーに対応できず、5安打完封負けを喫しました。

自分は何をやっているのだろうか……、「八番は敬遠。九番で勝負」となぜ指示を出さなかったのか。しかし、九番をどう攻めるかまでのミーティングはしていない。だから、歩かせたとしても、九番に打たれた可能性もある。結局のところ、監督として戦うための準備に甘さがあったのです。

敗戦後、記者の方に「気持ちの差でしょうか」と問われ、私はこう答えた記憶があります。

「負けたのは技術がなかったからです。気持ちや体力、意識の面では、日本一を狙えるレベルにあったと思います。そこを『気持ちで負けた』と言うのは単なる逃げ。技術がなかったから負けた。野球選手である限り、技術を伸ばすことを考えていかなければ、上に進むことはできません」

今も思っていることですが、敗戦の理由を「気持ちの弱さ」で片付けていたら、何も生まれません。負けたのは、野球の差。では、野球の何を埋めていけばいいのか。その具体的な答えはまだ持っていませんでした。

秀光中にとって初めての全国
大会出場となった第32回全
国中学校軟式野球大会

2011年春、価値観が変わった東日本大震災

あのときの恐怖は、何年経っても消えることはありません。

2011年3月11日——、多賀城市にある秀光中ではテストが行われ、14時半には帰りの会が終わり、生徒たちは下校しました。

そこから、10数分後の出来事です。大地が揺れる地震を体感したのは、あのときが初めてです。大げさな表現ではなく、目の前の世界が一変しました。

職員室にいた私たち教員は、すぐに生徒のことが頭に浮かび、外に出ました。すると、電車が止まったこともあり、ほとんどの生徒が学校に戻ってきました。それでも、短時間で全員の無事を確認することはできず、その後すぐに大津波警報が出て、学校の最寄り駅である中野栄駅のそばまで津波が押し寄せました。大人の首ほどの高さです。この先どうなるのか、不安はありましたが、学校に泊まる生徒のために非常食を準備するなど、不安を感じる時間がないぐらい校内を走り回っていました。22時を過ぎた頃には、全身ずぶ濡れの生徒が学校に戻ってきて、「家に帰れず、泳いで戻ってきました」と。野球のことなど考えられる状況ではありませ

んでした。

数日経ってから、学校のバスに生徒を乗せて、新潟まで往復することが私の仕事になりました。関西、関東方面から来ていた生徒が、自宅に帰るルートがそれしなかったのです。道路状況を見ると、東京方面は無理でも、新潟には行ける。そこから飛行機や電車を使えば、何とか地元に出ることができたのです。

10日間で6往復ぐらいしたかと思います。生徒を降ろしたあとには、バスの座席が空っぽになるので、大きなホームストアやスーパーに寄って、必要なものを仕入れていました。

驚いたのは、「仙台育英」という学校名が入ったバスを見て、新潟の人たちが「これ、持っていってください」と、さまざまな食材や毛布、日用品を無償で提供してくれたことです。2004年に中越地震を経験していたからこその心遣いだと思いますが、困っているときに助けてもらうことがどれほど有難いことなのか、身を持って経験しました。

全生徒が無事に家に戻ったのは、4月はじめだったと思います。野球のことを考えるようになったのは、それからです。しかし、少しずつライフラインも回復し、学校再開に向けて動き出そうとしていたところで、4月7日の夜に震度6強の最大余震。さすがに心が折れそうになりましたが……、立ち止まるわけにはいきません。

その頃、お世話になっていた石川・珠洲市立緑丘中の山岸昭彦先生（現・珠洲市教育委員会）と、星稜中の田中先生から、「4月下旬、石川に来られないか?」という連絡がありました。前々から石川遠征の予定はあったのですが、具体的な日にちがまだ決まっていなかったのです。

学校の了承を経て、生徒や保護者に意思を確認しに行きました。ミーティングを開こうにも全員が集まれる環境ではなかったため、集まれない生徒の家を訪ね歩き、その中には避難所で暮らしている家庭もありました。ボランティアをしている部員もいて、それぞれが今やれることに全力を注いでいました。

彼らの顔を見て感じたのは、「野球をやらせてあげたい」という想いでした。なぜなら、生徒の表情にエネルギーがなく、沈んでいるように見えたからです。無理もありません。震災からまだ1か月で、復興への光がまだまだ見えていない状況です。「学校に行く」「友達としゃべる」「野球をやる」という、中学生にとっての日常が奪われていました。

何とか、子どもたちにエネルギーを与えてあげたい。保護者も選手も、「石川に行きたい」との想いで一致し、4月下旬に石川遠征に向かうことが決まりました。3月11日以来、1か月半ぶりに、部員全員が集まりました。

「こんなときに部活?」「野球やっている場合じゃないでしょう」という声があったことも、

十分に理解しています。それでも、中学生は中学生、大人は大人に、それぞれやるべきことがあると考えていました。中学生が今やることは、学校に行くことや、部活に全力を注ぐこと。中学生の日常を取り戻す。そこで得たことや学んだことを、将来的に社会に還元していく方が大切ではないか。もちろん、中学生ができる範囲でのボランティアにも積極的に動いていました。

全国の皆さんに「ありがとう」を伝えに行く

2011年、野球部の活動は石川遠征を皮切りに、4月下旬から再開しました。県外の学校や先生方からさまざまな支援、そして温かい言葉をいただき、多くの人に支えられた中で野球ができていることを、私も選手も心から実感することができました。

「全国の方に〝ありがとう〟を伝えたい」

これが、夏に向けての合言葉でした。

さらに、前年から大切にしてきた「誰かのために」を強く思うようにもなりました。野球がやりたくてもできない同世代の仲間がたくさんいる。その子たちの気持ちを思えば、野球ができていることがどれだけ幸せなことなのか。私が言わなくても、彼ら自身が感じていたことでもありました。

夏は宮城大会を勝ち抜き、東北大会へ。上位3校が和歌山で開催される全中に出場できる状況の中、秀光中は準決勝で平賀市立東中（青森）に1対2で敗れました。個々の能力が高い好チームで、強肩キャッチャーとして目立っていたのが、２０１８年のドラフト会議で東京ヤクルトから育成枠での1位指名を受けた内山太嗣選手でした。

この代の秀光中は、新チーム以降公式戦負けなしで、初めて経験した敗戦がこの準決勝です。選手たちはショックだったのでしょう。まだ第3代表決定戦があるにもかかわらず、試合終了後のあいさつを終えると、健闘を称える声すらかけず、ふてくされたような顔を見せながら、相手チームに背を向けたのです。その姿を見て、私は怒りに震えました。戻ってきた選手たちに、かなり厳しい言葉をかけました。秀光中の監督になってから、あれほど厳しく怒ったのは、あのときが初めてだったと思います。

「今、野球ができていることがどれだけ有難く、幸せなことなのか。自分たちは、世界中の人たちの支えのおかげで、好きな野球ができている。それなのに、目の前の勝敗だけに感情が左右されているなんて、あってはならないこと。そんな気持ちで野球をやっているのなら、次の試合は不戦敗でいい」

選手たちは、泣きながら話を聞いていました。心を入れ替えて臨んだ第3代表決定戦で勝利し、2年連続となる全中出場権を獲得しました。

全中の初戦は、東京の強豪・駿台学園中でした。エースは、140キロを超えるストレートが武器の清水昇投手。のちに、帝京、國学院大を経て、東京ヤクルトからドラフト1位指名を受けたピッチャーです。

秀光中には、3年生に梅津晃大（中日）がいて、2年生に佐藤世那（元オリックス／横浜球友クラブ）がいました。梅津は、花でたとえるとまだ蕾の段階で、身長もこれからさらに大きくなりそうな大器晩成タイプでした。

試合は1対1で延長戦へ。9回裏、秀光中が無死二塁のピンチを迎えました。絶対に、一死三塁だけは作らせたくない。バントの可能性が高いと読んだ私は、外野手ひとりを内野に配置する「5人内野」で、送りバントを防ごうと考えました。しかし、駿台学園中が選んだ策はヒッティング。誰もいない外野に飛んだ瞬間、万事休すでした。

決して思いつきで敷いたシフトではありませんが、全中の勝負所で使えるレベルまで、万全の準備をしてきたかと問われると、そうとは言い切れません。またしても、監督の準備不足で日本一を逃す結果になりました。

子どもたちは立派でした。ゲームセットのあと、駿台学園中の選手たちに「次の試合もがんばれよ」と声をかけ、試合後には「球場周辺のゴミ拾いに行ってきます」と、自らゴミを集めていました。さまざまな人への感謝の気持ちを、言葉や行動で表す姿を見て、人間的な成長を感じることができました。

だからこそ、勝たせてあげたかったのです。いつ、日本一から招かれるチームを作れるのか。夏に負けるたびに、「オマエはまだ足りない」と課題を突き付けられている気持ちになりました。

2013年春、これまでの須江航をすべて捨てる

2012年8月8日、私は大阪の舞洲球場にいました。本来であれば、東北大会を戦っていなければいけないのですが、初戦で敗退。全中の切符を3年ぶりに逃し、例年より早く、新チームに切り替わっていました。

正直言って、頭打ちの状態です。能力が高い子どもたちがいながらも、監督の指導力がなく、勝たせてあげることができない。何かを変えなければいけない。そこで、居ても立っても居られず、大阪に足を運びました。

舞洲球場で開催されていたのは、中学校の近畿大会。目当ては、兵庫・高砂市立松陽中の試合を見ることでした。井上雄介先生（現・高砂市立宝殿中）が率いるチームです。

その年の3月、「教育者はクリエイターでなければいけない」という言葉を私に授けてくれた猿橋善宏先生（当時・利府町立しらかし台中／現・松島町立松島中）が、神戸市中体連指導者講習会の講師を務められました。そこで井上先生と初めて出会い、「兵庫に、須江と同じ匂いがする若者がいた」と教えてくれたのです。そこから、フェイスブックでやり取りをするようになり、井上先生が作る野球に興味を持つようになっていました。

舞洲球場で見た松陽中の野球は、それはもう美しく、洗練された野球でした。1球、ワンプレーすべてに意図があり、監督と選手の間で見事なまでに共有されている。近畿大会を勝ち抜いた松陽中は、その後、群馬で行われた全中でベスト4に勝ち進みました。

なお、現在、仙台育英でキャプテンを務める田中祥都は、松陽中の出身で井上先生の教え子になります。決して、私を慕って仙台に来たのではなく、仙台育英の野球に魅了されて、入学を決めた子です。進路を決めたときの監督は佐々木先生でした。それが、部内の不祥事によって、私が監督を引き受けることになり、松陽中から田中が入学。不思議な縁を感じます。

その年の秋、新チームは早々と敗れ、翌春の全日本少年軟式野球大会の出場を逃しました。

ここまで来ると、監督である自分の考えを変えなければ、また同じ結果を繰り返すだけ。選手たちは努力を続けていただけに、余計にそう思うようになりました。

年が明けた2013年3月、アドバイザーという形で、和田照茂さん（トレーナー／ベースボールコンサルタント）をチームに招きました。和田さんは、広島商、大阪体育大の出身で、大学時代の先輩である井上先生の松陽中もサポートしていました。野球を見る目、本質を問う目に長けていて、和田さんとディスカッションをすることによって、今の自分に何が足りないか、これから何を詰めていけばいいのかを、本気で考えるようになりました。

和田さんは、2018年から2年間、日本ハムのファームチーフトレーナーを務められ、プロの世界でも活躍されました。プロ野球を離れたあと、2019年12月からは仙台育英のアドバイザーとして、数値の測定や、大会中のコンディション作りなど、さまざまなサポートをお願いしています。

私は和田さんに出会ってから、今まで自分が考えていた野球の常識や知識をすべて疑い、要らないものはすべて捨て、ゼロから野球を考えるようになりました。決して、大げさな表現ではありません。一度すべて空っぽにしなければ、自分を変えることができないと思ったのです。

たとえば、今まで何となくやっていた一塁の駆け抜け。一塁ベースの何メートル先で止まり、目線をどこに向ければいいのか。4メートル先にミニコーンを置き、「その距離の範囲内でストップし、三塁ベースを見る」という約束事を作りました。三塁ベースを見ようとすれば、ダイヤモンド全体を見ることができるからです。

守備では、この選手をショートではなくサードに置いている理由は何なのか、根拠はどこにあるのか。和田さんがあらゆる角度から質問をしてくるので、それに対して、答えを持っている必要があったのです。答えられないことがあるたびに、野球を本質から理解する重要性に気付かされました。

「マルチラン」というトレーニングがあります。前後・左右・斜め前・斜め後と8方向に走り、そのときのタイムを測定。中学生の段階で、すべての方向に強い選手はおらず、何かしらの傾向が必ず見えます。これを守備のポジションで考えていくと、その選手がどのポジションに向いているかがわかってくるのです。

たとえば、サードを守っている選手が、自分の右方向の動きが速かったとしても、実戦ではあまり役に立ちません。右方向は三塁線のため、動ける範囲は限られている。サードに求められるのは、左方向と前方向へのダッシュ力。こういう視点で見ていくと、「今までの考えで本当に良かったのかな?」と思うことがいくつも出てくるのです。

観察、分類、仮説、検証、結果、考察、結論……、ひたすらこの繰り返しでした。

和田さんが来てから、大胆なポジショニングを敷くようになったのですが、これも検証の結果です。バッターのタイプを観察、分類し、うちのピッチャーがコントロールミスなく投げ切ることができれば、どこに飛ぶ確率がもっとも高いか。逆球になったときは、どの方向に一番強い打球が飛ぶか。練習試合から検証し、その結果を見て、考察を立てていきました。

夏の本番を迎えるまで、あらゆることを想定して、準備をして、「想定外」が起きないようにしておく。ただ、夏まで4か月ほどしかなかったため、守備と走塁だけに重きを置いて、精度を上げていきました。

2013年夏、継投に泣いた愛知全中

2013年7月、私たち秀光中は1か月後の全中の舞台となる、愛知県豊橋市にいました。この年から、夏の県大会前に、全中の開催地に遠征をして、「その土地に流れる空気や文化に触れ、ここにまた全員で戻って来よう」と、『日本一からの招待』を少しでも具現化するための取り組みを始めました。県大会はまだ始まっていないので、東北代表として全中に出場できる保証はどこにもありません。それでも、開催地に実際に足を運び、試合会場や練習会場をその目で見て、雰囲気を感じることで、全中で勝つイメージをよりリアルに描けると考えていま

した。

迎えた夏は、宮城大会、東北大会を制し、愛知で行われた全中に2年ぶりに出場することができました。当時、2年生でショート兼ピッチャーとして活躍していたのが西巻です。練習試合から、奪三振率の高い西巻をクローザーに据えて、西巻にどのようにつなぐかを、さまざまなシチュエーションで検証していました。

全中に臨むにあたり、監督である私の考えはただひとつ。

「今までやってきたことを、すべて発揮する」

こういう心境になれたのは、このときが初めてでした。それまでは「勝ちたい」「負けたくない」という邪念が先行していて、後で振り返ってみたときに、説明が付かないことをやってしまっていました。


全中では1、2回戦を勝ち抜き、準々決勝の相手は沖縄・西原町立西原中。身体能力が高く、足の速い選手が揃っていて、トーナメントが決まったときから、ここがひとつのヤマになると考えていました。試合は、秀光中が2対0とリードする理想的な展開で6回へ。先発の右腕が想定以上の出来の良さで、当初考えていたよりも長く引っ張っていました。本来であれば、5回か6回の頭、あるいはランナーがひとり出たところで西巻にスイッチ。全中まで

150以上の試合を行い、さまざまな継投を試していく中で、それがもっとも勝利の可能性が高い継投だったのです。しかし、この日は2点リード、さらに準々決勝・準決勝が同日に行われるダブルヘッダーで、「投手は1日9イニングまで」というイニング規定があり、先発を少しでも引っ張りたい欲が生まれていました。

6回表、先頭を切って、まずは一死。続くバッターに出塁を許し、一死一塁。今までの練習試合であれば、ここで西巻を送り込むところです。でも、「まだ行ける。もうちょっと投げてほしい」と願い、そのまま続投。そして、また出塁を許し、一死一、二塁。次のバッターが、タイミングが合っていなかったこともあり、「あとひとり」と続投させるも、一死満塁に。ここから、西巻につなぎましたが、嫌な流れを食い止めることができず、一気に3点を失い、逆転負けを喫しました。

「やってきたことを発揮する」と決めていたにもかかわらず、準備していないことをやってしまっての敗戦。監督がこんなことをしていては、日本一から招かれるわけがありません。

このときの苦い経験が、継投策と本気で向き合うことにつながっていきました。今の仙台育英にも言えることですが、「練習試合でやっていない継投は絶対にやらない」。だから、オープナーも、先発からの野手戻し（先発→野手→リリーフ）も、ワンポイントリリーフも、あらゆることを試し、何がベストなのかを検証しています。

野球のゲーム性をとことん突き詰める

西巻をキャプテンに据えた新チームは、野球のゲーム性の理解をより深く追求していきました。

勝敗はどのようにして決まるのか。得点は何によって生まれるのか。1イニングで複数得点を取るには、何が必要なのか。一死三塁を作るにはどうしたらいいのか。アウトと引き換え（無死、一死三塁からスクイズやエンドラン）に点を取るのは、誰になるのか。何を基準に打順を組めばいいのか……。検証すべきことはたくさんあります。

細かなデータを取るようになったのも、和田さんと関わるようになってからです。もともと数字は好きだったのですが、「視点がより明確になった」と言えばいいでしょうか。攻撃面では「出塁」「奪進塁」「助進塁」の3つの項目を重視するようになりました。

●出塁＝一塁への出塁（打者）
●奪進塁＝一塁からどれだけ塁を奪ったか（打者＋走者）
●助進塁＝一塁からどれだけ塁を進めたか（打者）

たとえば、打者Aが無死から四球を選べば、出塁1。ここから、盗塁を決めると奪進塁1。打者Bのときにセカンドゴロで三塁に進塁すると、Aに奪進塁1、Bには助進塁1が加わる。そして、打者Cの二塁打で1点が入ると、Aに奪進塁1、Cには出塁1、奪進塁1、助進塁1。三塁から本塁への奪進塁は、得点の価値を高めるために「3点」にするなど、評価方法に色を付けることもできます。また、仲間のバントやヒッティングで進塁したのか、あるいは自分の力（＝盗塁）で進んだかを分けることによって、本当の奪進塁力を計ることもできます。

すでに述べたとおり、野球の本質は「陣地取り」にあります。各塁を進み、本塁を多く踏んだチームが勝利を手にする。しかし、アウトと引き換えにひとつずつ塁を進んでいては、得点は入らない。どこかで、塁をまたぐ必要があるのです。特に中学軟式野球はロースコアの接戦が当たり前で、1点の価値が硬式野球よりも高い。長打が出にくい分、盗塁の価値が増すという点も、頭に入れておく必要がありました。当たり前のことですが、足が速いことはプレーヤーとして大きな武器になります。

では、盗塁はどのような要素によって成り立っているのか。細かく分類することで、アウトになったときに、フィードバックしやすくなります。

1．リード

2．帰塁
3．スタート
4．中間走
5．スライディング
6．ネクストプレー

リード幅は、今の仙台育英と同じように一塁ベースから左足まで365センチに設定。実際にはもっと出ている選手が多いですが、「まずはここ」という基準を作りました。基準がなければ、評価ができません。

徹底してこだわったのが、スライディングです。右足を伸ばすストレートスライディングか、あるいは左足を伸ばすのか。人間には必ずクセがあるので、誰であってもやりやすさがある。それまでは、どちらの足を伸ばしたほうがいいのか、気にしたことすらありません。

結論から言うと、全員が左足のストレートスライディングができるように、イチから練習していきました。最大の利点は、滑り込んだときに顔が外野に向くことです。よく見るのが、キャッチャーからの送球が外野に逸れていたのに、それに気付くのが遅れて、三塁に進塁できないケースです。右足を伸ばすスライディングでは、顔がダイヤモンドに向くため、外野に逸れた送球に気付くのが、わずかに遅れることがあります。

実際に、右足・左足それぞれのスライディングで、一塁から二盗、立ち上がって三塁に進塁するタイムを計ってみたところ、ほぼすべての選手が左足のストレートスライディングのほうが速い結果が出ました。これは、6のネクストプレーに直結するところです。何度も言いますが、得点を奪うための鉄則は「塁をまたぐ」「若いアウトカウントでランナー三塁を作る」ことです。ネクストプレーを考えたうえで、左足のスライディング技術を高めていきました。

さらに、チームで徹底したのは、「ベース1メートル手前から滑る」「1メートル以上離れたところから滑るのは、スライディングとは呼ばない」ということです。ベースの近くから滑ることによって、摩擦の時間を減らし、強く速いスライディングができます。盗塁時、タイミングはアウトであっても、ベースに強く入っていくことでセーフになることがたびたびありました。

2014年夏、徳島で行われた全中。毎年、大会パンフレットには全出場校の戦績（練習試合含む）が掲載されるのですが、秀光中はダントツに多い試合数と勝利数で165勝5敗1分という数字を残していました。準備と検証と実践をこれでもかと繰り返し、それまでの中でもっとも手ごたえを持って挑めた全中でした。

■2回戦　○4対0　瀬田北中（滋賀）

■準々決勝　○4対1　相模原市立大沢中（神奈川）

■準決勝　○3対2　東海大翔洋中（静岡）
■決勝　○3対0　中標津町立中標津中（北海道）
準備してきた継投、力を入れてきた盗塁、さらに〝飛び道具〟として用意していた二塁牽制が勝負どころで決まり、スローガンを掲げてから6年、ようやく日本一から招かれることができました。

ただ、だからといって、我を忘れて歓喜するほどの嬉しさがあったかというと、決してそうではありません。こんなことを言うと、「勝ったくせに何を言っているんだ」と思われるでしょうが、1年間準備してきたすべてを発揮できたわけではないのです。

たとえば、ホームスチールを練習していたのに、最後の夏の発表会で決めることができなかった。「まだまだ詰めが甘かった。もっとやれることがあった」とも思ったのです。

もうひとつ、今まで私の力不足のせいで、悔し涙を流してきた卒業生がたくさんいます。もしかしたら、ここで日本一になることで、多くの先輩たちが積み重ねてきた努力が報われるのではないかと思っていたのですが、そんなことはありませんでした。負けさせてしまった現実は変わらず、勝てなかった現実も変わることはない。日本一になったことで、余計に申し訳なさを感じるようになりました。監督が私でなければ、もっと早く全国制覇を成し遂げられていたんじゃないかと本気で思います。

2014年夏の徳島全中決勝で中標津（北海道）に３対０で勝利。全国約8800チームの頂点に立ち、日本一に招待された

日本一から遠ざかった3年間

日本一を果たしたことによって、さらに上のチーム作りを目指すようになっていきました。毎年、同じやり方で結果を残せればいいのでしょうが、トーナメントを勝ち抜くのはそんなに甘いものではありません。正直、うまくいったこともあれば、そうでなかったこともあります。その後の3年間は、全中に出場できても日本一に届かない夏が続きました。

■2015年夏　福島全中／決勝　●1対5　門川町立門川中（宮崎）

守備・走塁のベースがある程度できていたので、さらにレベルを上げるために打力向上に時間を注ぎました。打球角度と打球速度を上げることに力を入れ、冬から春にかけては「フライアウトOK」。仙台育英に移ってから、2018年冬、2019年冬にも同様の取り組みをしています。打者としてのスケールを上げるために、一度は通らなければいけない道だと考えています。試合が続くと、どうしても打率を求めて、バッティングが小さくなりがちです。

ただ、2015年に関しては、バッティングと向き合いすぎてしまった反省があります。軟式野球は、打てたとしても打率は2割ちょっとです。試合になれば、結果は問わない。振るべきゾーンを振れたかどうか。アプローチの仕方に目を向けることが大事だと、痛感しました。決勝戦の閉会式のあと、選手たちは泣きじゃくっていました。2連覇を目指してやっていただけに、気持ちはわかります。でも、あえて、私は厳しい言葉をかけました。

「後悔して泣くのはまだ早い。泣くよりも前に優先すべきことがあるんじゃないか？　1位と2位では雲泥の差がある。この結果を受け止めて、正しく評価することが大切。3年生はここからが本当のスタートだよ」

帰りのバスで、すぐにミーティングをしました。高校で野球を続ける選手がほとんどなので、「よくやった」を言うにはまだ早すぎます。

■2016年夏　新潟全中／準決勝　●0対2　江戸川区立上一色中（東京）

キャッチャーの使い方がカギでした。1年生の木村航大と伊藤樹を併用しながら使っていて、高校で採用した「継捕」のきっかけになった代でもあります。1年生だったので、配球はベンチにいる私がすべて指示。練習では、キャッチャーの耳にインカムを着けて、私がベンチからトランシーバーを使い、「バッターの踏み出し足はどうなっている？」「今の見逃し方は、何を待っていると思う？」など、リアルタイムでやり取りしていました。通称、「インカム野球」です。イニングが終わってから指示を出すのではなく、1球ごとに考えを擦り合わせることができるので、上達のスピードが上がる手ごたえがありました。

木村は、中学1年時からワンバウンドストップの技術に長けていて、仙台育英では1年夏から甲子園を経験。伊藤は肩が強く、投げ方もピッチャーに適していたため、中2秋になってからピッチャーに転向しています。

この2枚をどうやって使うか。全中につながる予選では、伊藤をスタメンで起用し、チャンスで打順が回ってきたら代打を使い、後半の守りから木村を送り込むパターンで勝ってきました。

しかし、準決勝の上一色中戦は、相手の投手陣のレベルが高かったこともあり、「失点を防ぐことが大事。守りから入る」と、オーダーシートに「木村」の名前を書き入れました。それが、数分後にはシートをもう一度書き直し、書き入れたのは「伊藤」の名。攻撃重視か守備重視か、決め切れないでいたのです。結局、代打を使って流れを変えることを選び、スタメン伊藤で臨みました。

そのうえで決めていたのは、「若いアウトカウントでランナー二塁になったら、序盤でも木村に交代する」。けれども、初回一死二塁のピンチで、覚悟を決めて代えるまでには至りませんでした。その後、バッテリーミスがあり、二死二、三塁。これをきっかけにして、二死満塁からの長打で2失点。起用法に迷いが出てしまった監督の責任です。

なお、このとき、上一色中で先発した横山陸人投手は、専大松戸からドラフト4位で千葉ロッテへ。リリーフで投げた土屋大和投手（現・立正大）は、関東一のエースとして甲子園ベスト8まで勝ち進みました。優勝したのは、奥川恭伸投手（現・東京ヤクルト）、山瀬慎之助捕手（現・巨人）のバッテリーがいた、かほく市立宇ノ気中（石川）でした。中学時代に硬式をやったほうが高校で有利と言われることが多いですが、中学軟式で戦ってきた私からすると、「関係ない。軟式にもいい選手はたくさんいます」という想いを強く持っています。

■2017年夏　宮崎全中／準決勝　●1対2　白老町立白翔中（北海道）

2年続けて全中準決勝で敗退。「丁寧さ」と「献身さ」をテーマに取り組んできたのですが、準決勝の初回に丁寧さに欠けたプレーが出てしまい、それが2失点につながりました。持っているものを出してあげることができなかったのは、監督の責任です。その一方で、「今後の野球人生において、厳しい教訓にしてほしい」という話もしました。

公式戦は準備してきたことを発表する場です。発表しきれなかったということは、監督のマネージメントを含めて、どこかに問題があった。判断力の欠如か、プレーの選択ミスか、あるいは精神的な未熟さか……。結果的にこの2017年が、私が挑んだ最後の全中となりました。

勝ちに至るまでのプロセスを学ぶ

最初は、野球未経験の子どもたちと始まった秀光中の野球部ですが、少しずつ結果を残すのに比例して、「仙台育英高校で甲子園に出たい」という意欲を持った小学生が、入学してくるようになりました。私も仙台育英のOBですから、ひとりでも多くの教え子が、高校で活躍してほしいという願いがあります。でも、私が高校を選んだときのように、ただの憧れだけで入学したら、「こんなはずじゃなかった」と思うのが目に見えています。

恩師の佐々木先生の元に送るので、迷惑をかけるわけにはいきません。代によっては10名近くの秀光中出身者が、仙台育英の硬式野球部に入るわけで、多数派になります。自分たちは意識していなかったとしても、ほかのチームメートに影響を与えることもあるわけです。

佐々木先生は、主体性を重視したチーム作りをされていました。やるかやらないかは、自分次第。送り出す中学の監督としては、自立していること、野球を理解していること、本気で勝ちを目指した経験があること、これらを総合的に備えていなければ、高校で存在感を示すことはできないと考えていました。

特に、私が意識していたのは、目標を達成するためのプロセスを理解し、学ぶことです。わかりやすくいえば、成功した経験をひとつでも多く体感させてあげたい。勝利に対して真剣に向き合い、勝ち方を学んでほしいのです。ただ勝つのではなく、「こういうことをやったから勝てた」「この取り組みが勝ちにつながった」と、選手自身が振り返ることができるかどうか。ときには、「勢い」で勝ち上がることもあるでしょうが、目に見えない勢いをもう一度生み出すのは、確率的にかなり難しいところがあります。次の代にフィードバックしていくのも、難しいでしょう。

私は夏の大会が終わると、頭の中でタイムマシーンに乗って、1年間を振り返る作業をしていました。良かったことは何か、改善すべきことは何か。2014年に日本一になったときにもやっていたことです。あとから振り返るためにも、チームが進むべきコンセプトをあらかじめ立てて、それに沿って進んでいました。行き当たりばったり、後出しジャンケンでは、振り返りようもありません。

トーナメント方式が主体の学生野球においては、勝った経験を持った人間ほど生き残ると思っています。高校の監督になってから改めて感じることですが、中学時代に勝ち方を学んだ選手ほど、野球のゲーム性の理解度が高く、判断力に優れているものです。

「いい選手」という言葉をよく耳にしますが、指導者によってその定義はまちまちだと思います。私の定義は、「いい選手＝判断力に優れた選手」。打席の中で何を狙うのか、現状の得点差、ランナーの状況を見て、どんなプレーを選択するのか。すべては判断力です。その判断力のベースとなるのが、ゲーム性の理解であり、突き詰めていくと、勝つために最善の策は何か――ということになります。

こういう話をすると、「勝利至上主義」と言われることもあるのですが、競技スポーツである以上、勝利を目指すのは当然のこと。しかし、勝つためなら何をやってもいいのかとなると、それは違う話です。勝つためのプロセスを学ぶことが、何より大事であり、勝ちを本気で目指す先に野球の本質が見えてくると思っています。

第4章　今どき世代の強みを生かした育成法

測定数値で客観的に選手を評価する

第3章でお話ししたように、自分自身の力不足のせいで、勝てる可能性があった試合を幾度となく落としています。自覚しているのは、一流の指導者と比べると、「監督としての感性や感覚を持っていない」ということです。技術を見る目も、まだまだ足りていない。プレーヤーとして下手だったことも、少なからず関係していると思います。

一方で、感性や感覚がないことを自覚している分、客観的なデータを集めたり、映像を何度も繰り返し見たり、なるべく多くの情報を選手たちに伝えたりと、自分の弱点を別のアプローチで補えるように心がけています。その具体的な方法を、いくつかご紹介したいと思います。

まずは、個人データ。秀光中時代から特に力を入れているのが、年4回行う10項目から成る「測定会」です。4月、8月末、11月、2月に実施。4月は1年生も含めた現在地の把握、8月末は新チームスタート時の2学年での数値比較、11月と2月は冬のトレーニングの成果を見るためにと、それぞれの時期に意味があります。

数字を測ることで、主観的な目を排除し、選手の能力を客観視できるのが最大の利点です。

「足が速そう」「肩が強そう」と思っていても、実際に測定してみると、「意外に、速くなかった」ということが多々あるもの。逆に、「この選手、こんなに速かったのか」と知ることもあり、埋もれていた選手にスポットライトを向けることができるのです。

毎年、同時期に測定することで、先輩との比較もできます。高3夏に145キロを記録したピッチャーが、1年生、2年生のときにどのぐらいの球速だったのか。そして、どんなトレーニングで球速が伸びてきたのか。先輩の成長曲線を知ることで、自分自身の伸びシロをリアルに感じることができるのです。

さらに、選手の課題を見つけることにもつながります。

たとえば、スイングスピードが速く、ロングティーの数値も高いのに、実戦での打率は低い。こうなると、ひとつの原因として、打席内でのアプローチに問題があると推測することができます。狙い球の選択が間違っているのか、打つべきゾーンが曖昧なのか、目付けをどこに置いているのか。実戦での打席を増やし、1打席ごとの内容をフィードバックしていくことで、打率が上がる可能性を持っています。

盗塁にしても同じです。スピードは間違いなくあるのに、盗塁成功率が低い。スタートに問題があるのか、あるいは帰塁に不安があるからスタートを切る判断が鈍るのか。数字を調べておくことによって、「何につまずいているのか」を掘り下げやすくなるのです。

あらかじめ、選手には測定会の数値がメンバー選考の材料になることを伝えています。入学したばかりの1年生も例外ではなく、入試に合格した時点で、「4月に測定会をやるので、しっかりと準備をしてきてください。数字が高い選手は夏の選考レースに加わる可能性があり、基準に達していない選手は秋に向けて動いていくことになります」と話しています。

〈測定項目〉　*ランキング数値は2019年2月27日計測／学年は当時の新学年で表示

■一塁駆け抜け

測定の狙い　：直線の脚力を確認
トップレベル：3・60秒
最低目標　　：3・85秒

スタート地点とゴール地点に光電管を置いて、センサーで計測（走タイムの計測はすべて光電管を使用）。三塁線のラインをホームベースの延長線上まで伸ばしたところが、スタートラインとなる。ランナーのリードと同じような姿勢でスタートラインに立つ。バットを振ってから走ると、右打者・左打者による違いが生まれるため、打撃動作はすべて排除。実戦よりも、速いタイムが出やすい。

1．水岡　蓮　（3年）　3・57秒

1．池田　悠（3年）　3・57秒
3．中里光貴（3年）　3・70秒
4．小野寺真輝（2年）　3・71秒
5．佐藤　廉（2年）　3・73秒

■二塁打走

測定の狙い　：コース取りの技術を確認
トップレベル：7・10秒
最低目標　　：7・60秒

一塁駆け抜けが速いにもかかわらず、二塁打走のタイムが落ちる選手は走路に問題がある。二塁打走のタイムを取ることで、自分に適した走路を取れているか確認ができる。日頃の走塁練習では、50ｾﾝﾁ単位で走路を追求し、もっとも速いコースを探す。

1．水岡　蓮（3年）　7・18秒
1．佐藤真敬（3年）　7・18秒
3．池田　悠（3年）　7・26秒
4．佐藤　廉（2年）　7・32秒

5. 門脇健太（3年） 7・33秒

■本塁打走

測定の狙い ：ベース一周の走路取りと走りのフィジカルを確認
トップレベル：14・40秒
最低目標 ：15・40秒

ベース1周の速さはスピードだけでなく、ベースランニングの技術に長けている証。三塁打のコース取りや、一塁から長打でのホームインなどにもつながっていく。

1. 水岡 蓮（3年） 14.20秒
2. 佐藤真敬（3年） 14.35秒
3. 池田 悠（3年） 14.64秒
4. 門脇健太（3年） 14.66秒
5. 佐藤 廉（2年） 14.82秒

■盗塁

測定の狙い ：盗塁に必要なスピードを知る

トップレベル‥3・05秒
最低目標　‥3・30秒

走者一塁での一次リードの約束事は、「一塁ベースから左足まで365㌢の距離を取る」。測定会のときも、この位置をスタートラインとして、二塁ベースに滑り込んだところをゴールとする。このタイムがわかっていれば、ピッチャーのクイック＋キャッチャーの送球タイムとの比較で、二盗の成功確率が見えてくる。

1．水岡　蓮（3年）　3・14秒
2．松本京太郎（2年）　3・21秒
3．千葉　蓮（3年）　3・22秒
3．今野　直幸（2年）　3・23秒
5．佐藤　廉（2年）　3・24秒
5．村上　健太（2年）　3・25秒
5．石川　汰一（2年）　3・25秒

■**スイングスピード**

測定の狙い　‥バット振る力を確認

トップレベル：150キロ
最低目標　　：140キロ

900グラムの金属バットを使い、素振りで計測。2018年から2020年のレギュラー陣を見ると、140キロ以上が最低ラインとなる。メンバー入りを考えると、130キロ以上の数字を持っていなければ厳しい。

1．小野寺真輝（2年）149キロ
2．岩間　大翔（3年）147キロ
3．小濃　　塁（3年）143キロ
4．入江　大樹（2年）143キロ
4．宮本　拓実（2年）141キロ

■打球速

測定の狙い　：スイングスピードを打球速に変換できているか
トップレベル：160キロ
最低目標　　：145キロ

斜め45度からのティーバッティングで計測。スイングスピードの速い選手が上位に入りやすい。ただ、どれだけスイングスピードが速くても、バットの芯でとらえる技術がなければ、打球速は上がっていかない。パワーだけでなく、バットコントロールの技術も必要になる。

1. 大栄　陽斗（3年）160キロ
2. 入江　大樹（2年）158キロ
3. 小野寺真輝（2年）157キロ
4. 千葉　蓮（3年）156キロ
5. 小濃　塁（3年）152キロ
5. 岩間　大翔（3年）152キロ

■置きティー（7メートル）

測定の狙い：バットコントロールの巧みさを確認

ティースタンドの上にセットしたボールを、7メートル先のネットの中に打ち込む。20球中、何球入るかを数える。20分の20が満点となる。ただし、自分のスイングスピードの最高速を基準に、8割以上のスピードが出ていないスイングは、たとえネットに入ったとしてもカウントしない。140キロのスイングスピードであれば、112キロ以上のスピードが必要になる。スタンドティーを正面のネットに入れる練習は、バットコントロールを養うドリルとして取り入れている。止まっているボールを思ったところに打てなければ、動いているボールを打てるわけがない。

1．佐々木　涼（2年）　20球
1．鈴木　滉祐（2年）　20球
3．塩田　温大（2年）　19球
3．杉山　歩海（2年）　19球
3．松本京太郎（2年）　19球
3．高橋　純平（3年）　19球
3．平山　詠一（2年）　19球

■ロングティー

計測の狙い：ボールを遠くに飛ばす力を確認

80メートル、90メートル、１００メートルのところにコーンを置く。80メートルを超えたら1点、90メートルを超えたら3点、１００メートルを超えたら5点と、点数を加えていく。秀岳館高校の鍛治舎巧監督（現・県岐阜商監督）が行っていたやり方を参考にした。９００グラムの金属バットと、ノックバットのような細く長いバットを使い、それぞれ10球ずつ打つ。満点が１００点になる計算だ。

1．大栄　陽斗（3年）　79点
2．小濃　塁（3年）　54点
3．久道　諒汰（3年）　49点
4．千葉　蓮（3年）　40点
4．菅原　天斗（2年）　40点

■球速

計測の狙い　：投力を確認する
トップレベル：145キロ以上
最低目標　　：右135キロ、左130キロ以上

全選手がマウンドに上がり、球速を計測する。ピッチャーの場合は、右腕は135キロ、左腕は130キロ以上がメンバー争いのラインとなる。左腕がマイナス5キロになっているのは、高校野球には「左腕の優位性」が存在するため。左打者の外、右打者の外に出し入れできる左腕は、130キロのスピードであっても試合を作ることができる。

球速は、ピッチャーだけでなく野手の能力を計るうえでも重要になる。レギュラークラスであれば、130キロ以上はほしいところ。プロを狙うショートや外野手なら、140キロ以上ある

のが理想となる。

1. 大栄　陽斗（3年）　142キロ
2. 鈴木　千寿（3年）　137キロ
3. 佐藤　真敬（3年）　135キロ
4. 水岡　蓮（3年）　134キロ
4. 菅原　天斗（2年）　134キロ

■対角送球

計測の狙い　：捕ってからの速さと肩の強さを確認
トップレベル：1・50秒
最低目標　　：1・70秒

キャッチャーボックスの中に立ち、正面からトスされたボールを捕球し、二塁ベース上の野手に投げる。ボールを捕球したところ（キャッチャースボックス内＝ホームベースの後ろ）がスタートで、ベース上の野手が捕ったところがゴールとなる。ストップウォッチを3個使い、平均タイムを正式記録とする。ホームベースから二塁ベースまでの送球タイムを測ることで、握り替えの速さと肩の強さを見ることができる。キャッチャーはもちろんのこと、内野手にも求められる能力となる。

1．千葉　蓮（3年）　1・56秒
1．平松　秀児（2年）　1・56秒
3．穂積　瞭太（3年）　1・57秒
4．大栄　陽斗（3年）　1・58秒
4．野口　樹（2年）　1・58秒

これらの数値からわかるように、スピード系に秀でた選手もいれば、打球速やロングティーなどパワー系に秀でた選手もいます。高校生のレベルで、走力・投力・打力のすべてが高いレベルにある選手は、めったにいないものです。

選手の視点からすると、数値を知ることによって「自分は何が武器なのか」「どこで勝負するのか」「課題は何か」が明確に見えてきます。3学年揃っているときには、測定だけで3日間かかるときがありますが、それだけの時間を使ってでも実施するメリットがあります。

選手のデータを収集することで、客観的
に選手の特徴を把握することができる。
選手にとっては自分の課題を見つけるこ
とにもつながってくる

今どき世代は取捨選択のスピードが速い

私は、昭和58年生まれの人間です。昭和、平成、令和と3つの元号を生きてきました。高校生でもスマホを持つのが当たり前になり、今では小学生も器用に扱う時代になっています。私が学生の頃を思えば、考えられない話です。よく、「今どきの子は……」と言われることがありますが、たいていは、「今どきの子は我慢ができない」「今どきの子はコミュニケーションが苦手」「今どきの子は自己中心的」など、マイナスの表現で使われることがほとんどです。

私は、そう思ったことが全くありません。今どきの子は賢くて、真面目。情報処理能力に優れた子が多い。良いところが多いように感じているのは、私だけでしょうか。

現在の高校生は、小さい頃からインターネットが当たり前にある時代を生きてきています。多くの情報を受け取ることに慣れていて、何が自分に必要な情報なのか、取捨選択する力も持っている。これは、私のような大人よりも優れた能力だと感じます。情報を得るスピードが速く、処理するスピードも速い。こうした背景もあり、私はグループＬＩＮＥやＳｌａｃｋを利用して、さまざまな情報を送るようにしているのです。

ただ、日々の生活の中で触れる情報があまりに多いため、送りっぱなしでは、本質的に理解できるところまでは落ちていきません。「取捨選択」というのは、情報を取ることと同時に、捨てることもあるということ。中学生も速いと思いましたが、高校生はもっと速い。捨てるスピードが速いのも、今どき世代の特徴と言えるでしょう。

それゆえに、情報や資料を送るときには、必ず補足説明が必要になります。臨時休校期間中は、前もって送った資料を基に、Zoomミーティングで改めて説明していました。説明の時間を取らないと、さまざまな情報のひとつとして埋もれてしまうのです。

就任1年目、苦い思い出があります。夏の甲子園で浦和学院に敗れたあと、メンバーに入れなかった3年生からこんな言葉を聞きました。「メンバー入りの基準に達したと思っていたんですけど、落選していました」。真剣な顔で訴えてきたのではなく、私とのフランクな会話の中でポロッと漏れた言葉でした。

スタメンがAパターンのときには控え選手がこうなる、Bパターンのときには控え選手の選び方も変わる、Cパターンのときは……と、あらかじめ提示していたのですが、そこまで伝え切れていなかったのです。そのときに、もっともっと丁寧に説明しなければいけないと強く実感しました。説明していた〝つもり〟では、伝わっていない。丁寧に話さなければ、選手の心にまで落ちていかないのです。

全体のミーティングだけでなく、練習の合間に1対1で話をしたり、個別に面談の時間を取ったりして、考えにズレがないようにしています。監督としては、「指導者が考えているほど、選手には伝わっていない」と思うぐらいがちょうどいいのだと思います。

その一方で、「口は災いの元」ということわざがあるとおり、しゃべりすぎること、伝えすぎることによって、誤解や齟齬《そご》が生まれることもあります。それでも、災いが起きることも理解したうえで、しゃべること、伝えることを選んでいます。想っているだけでは伝わらず、以心伝心もあり得ない。そう思っています。

選手選考の「現状」と「期待」を開示

チーム作りの中でさまざまな情報を送っていますが、そのひとつに「メンバー構成の現状」があります。現時点で、監督が考えているメンバー構成はどうなっていて、誰をどんなふうに評価しているのか。「こういうタイプの選手が出てきてくれたら、もっとチームは強くなる」といったことをシートにまとめて、全選手に開示しています。わかりやすくいえば、選手選考の途中経過です。

参考資料として、2020年1月8日に送った「メンバー構成の現状」を紹介します。年が明けた段階で、誰がどの位置にいるのか。1月下旬から始まる紅白戦に向けて、選手それぞれの現在地を確認し、彼らに伝える狙いがありました。

■投手

向坂=頭ひとつ抜ける

左：笹倉・尾形・後藤

右：阿部恋・粕谷・吉野・伊藤樹・杉山・菅原は横一線

「二番手以降、横一線。左腕は右打者のインコースを突けて（空振りかファウル）、アウトコースにチェンジアップで落とせる。左打者には、インコースを突けて、外のスライダーをきっちり投げる〝王道配球〟ができること。これができたら、一気に優勝候補上位。右腕は大崩れしないコントロールと、1種類ずつでいいので、ストライクをいつでも取れる変化球と、高確率で空振りを取れる変化球。それがあるのは誰だ？」

■捕手

木村航=守備力は木村、打力は全国水準？

小野寺＝打撃次第でスタメン、守備力アップ？
亀田＝守備力次第、捕球、ストップがカギ
吉原＝実戦復帰で上位にくれば。
その他＝最低限の守備力があるか見極め
「木村航（守備型）、小野寺（攻撃型）の2人に割って入ってくるのは？　継捕採用なら3人登録？」

■一塁手
笹倉＝打の実績と守備力でリードも……、走塁×
「笹倉への対抗は、金子vs難波vs石川vs秋山vs村上。誰が出てくるか。このメンバー以外でも、紅白戦で打撃上位1、2名は一塁コンバートもある？　NO・1クラスで打てる選手を待つ」
※ワンバウンドのさばきは必須。重要。

■二塁手
渡邉旭＝野球力と打撃○もミスが痛い

「浅野が猛追。打撃チームトップなら逆転も。平松も猛追。攻撃で評価されるのなら。守備型の選手は、平松同様に攻撃で示せるか。守備だけなら、捕球＆スローイングNO・1が必須」

■三塁手
田中＝攻守のバランスで抜ける。全国上位までいけるか？

「二番手以降は色が欲しい。打撃がないと選ばれないポジション。田中を超える打撃でスタメンあり。候補は村上か。守備固めは、複数ポジション守れなければ選出はなし。濃い色の役割が複数欲しい」

■遊撃手
入江＝打力でリード。守備（捕球時）の低さが出れば盤石か
「入江の故障回復と守備力の向上次第で変動。必須はセカンドとショートを守れる守備力と打力。極めてスタメンに近い能力。野球力（思考）があればなお良い」

■左翼
宮本＝総合力でリードも打撃以外が弱い

「打撃型の選手が猛追中。佐々木・平山・鈴木滉・島貫、一塁手で外野も最低限できる組（笹倉も含む）を合わせて、超混戦状態。宮本が逃げ切るか、誰かが突き抜けるか」

■中堅

佐々木？　松本？　笹倉？　向坂？　秋山？　吉野？　八巻？　誰？

「脚力・投力が極力欲しい（右翼と同等、あるいはやや下でも）。だが、打撃があれば目を瞑るかどうか悩む。全体との兼ね合い次第。現状、抜けた選手がいない。何か圧倒的な色が欲しい。先発投手・向坂をセンターに入れ、さらに向坂をマウンドに戻すことを考えると、控えも必要」

■右翼

吉野・松本・八巻・秋山が候補も横一線

「セカンド、ショート以外で一番、脚力と投力が欲しい。右中間、右翼線を割られたら三塁打確定ではなく、二塁打で止めたい。もちろん、外野は打力がないと選出されない。守備を捨てて打力だけなら、ここもＮＯ・１でなければ」

■特に成長、伸びを感じる選手
村上・平松・小野寺・今野・鈴木誠・野口・奈良田・澤田・秋山（打）小原・佐藤涼（総合）
檜森（守）

■現状どんな野球を目指す？
5対3で勝つ野球が理想か
「終盤の強さを発揮するために、3点差以内で7回を迎えたい。そのためには、ビッグイニングを作らせないこと。攻撃的なオーダーを組んだときも同じく」

選手選考レースを振り返る

さらに、2020年3月11日には「センバツのメンバー構成＆夏へのヒント」と題して、次のようなシートを送っています。年明けに送った「メンバー構成の現状」をもとに、選手選考レースの過程を振り返り、1ケタ背番号を勝ち取った決め手、さらにレギュラー（1ケタ背番号）または18名のメンバーから漏れた選手は、夏にどのように向かっていけばいいかのヒントを総合的に記しています。

■投手

向坂＝期待通りの結果もケガ

左腕：笹倉、尾形（次点）

右腕：阿部恋、吉野、伊藤樹、粕谷（次点）

「二番手以降、横一線でスタートも阿部恋が制球力と安定感で抜けた。笹倉は選考終盤に秋から続いた不安定さを解消していった。良さが出れば大型チーム（大阪桐蔭・東海大相模）を抑え込める存在。吉野は変化球の質は一級品で、初めての対戦なら十分に抑えられる目途が立った。伊藤は腕の振りの強さ、ベース盤上の球の強さは及第点だが、奪三振が取れる右投手としての価値が出た。左腕は右打者のインコースを突けて（空振りかファウル）、外にチェンジアップを落とせる、左打者にはインコース突けて、外のスライダーをきっちり投げる王道配球の投手を待ったが、尾形が近いところまで来ていて、今後が楽しみ。サイドスローの粕谷は後半に状態が上がってきたが、右打者への圧倒的な強さを証明できず、被打率の高さが目立った。その他の投手は、基礎能力で基準を満たすことと、発揮能力を高めたい」

■捕手

「木村航が守備力で『2番』獲得。肩の強さがワンランク上がった。打撃は変わらず。四死球獲得とバントが課題。攻撃の戦力にもなりたい。2番手の小野寺は、打撃は期待値の近くまで来たが、及第点止まり。守備は横ばい。地肩はあるので、ストップ＆キャッチに集中したい。三番手は一冬を越えて、亀田が上がってきた。登録の問題はあったがスローイングはNO・1か。吉原はケガから徐々に復帰し、実戦と野球感覚が戻りつつある。焦らず、チームに貢献したい。小原は打力で可能性を見せたが精度が足りず、守備も新2年では安定感に欠ける。小野が4月以降の背番号争いに絡むと、一気に層が厚くなるがどうか（基礎打力はあるので守備次第）」

■一塁手

「笹倉が打力と守備力で『3番』獲得。ツボにはまったときの長打力と、左中間を割れる打撃はチーム屈指の打者。日によって波があり、修正力のなさはこれからの課題。それでも守備の貢献度が大きい。ショートバウンドのさばきはNO・1。2番手は、打で成績が抜けた石川。若干であるが、対応力も上がり信頼が増した。次点では後半に上がってきた村上が控える。期待の右打者の金子＆難波は打率が残せず。秋山も同様。安定的なスキル＆メンタル求む」

■二塁手

「渡邉旭が力を発揮できず、浅野が猛追すると思われたが、ケガもあり結果出せず。鈴木誠の台頭もあり、田中の二塁コンバートが本格化。守備型の選手は平松が攻撃で可能性を見せ、その他ゲームでの貢献度もチームNO・1で、春のバックアップメンバーとして地位を築いた。その他は守備で君臨できず、打率も足りず。追い上げがほしい」

■三塁手

「田中が総合的な貢献度でトップも、守備適正とオーダー編成でセカンドへ。鈴木誠はショートだと足りぬ守備力を、サードが求める打力獲得で一気にスタメンまで上がってきた。文句なしの結果を獲得。村上は守備がもう一歩も打力が上がってきた。その他は守備力で合格点が出ず、打力で突き抜けもなく競争及ばず。1年生も入れて強打、堅実守備の三塁手の出現を求む。鈴木誠を捉える選手が出現するか」

■遊撃手

「入江の総合力（打・捕・投）で定位置獲得。入江がもうひとつレベルアップしそうな予感がしてきたが、まだまだ。また、守備で遊撃手としての合格点を出せる選手はいなかった。センバツ以降、新入生含めてもっとも競争が激しいポジションになるか。守備だけなら熊谷敬宥(阪神)、西巻らプロ級のレベルに。攻守のバランスでは、打力とスローイングの良さのミックスか」

■左翼手
「宮本が対応力で抜けて、強さも出てきた。打撃以外の弱さも、守備は少しずつ安定感が出てきた。あとは走塁。猛追予定だった選手は及ばず、超混戦状態。打撃で突き抜ける存在は誰だ。新3年生の外野手の猛追を激しく期待」

■中堅手
「打のパフォーマンスは向坂がひとつ上だが、故障で最終判定できず。松本がチームの足りないところ（攻守）を埋める役でひとつ信頼が上がったが、すべての質をもうひとつ上げたい。相澤が急成長し層が厚くなったが、期待の佐々木など、絶対的な選手が現時点では存在しない。流動的。一人ひとりの長所を合わせて、チーム力が試される。4月以降はコンバートしてくる選手、新入生を交えての競争を激化させ、夏へのチーム力アップを図る」

■右翼手

「吉野が打で突き抜けた。数字上は、入江でも田中でも宮本でも笹倉でもなく、チームNO・1。松本に求めることはセンター同様。八巻はすべての精度が足りず、秋山も覚醒には至らず。宇治野の守備範囲はチームNO・1。セカンド、ショート以外で一番脚力と投力が求められるのがこのポジション。毎年、優勝校にはいいライトがいる。外野はどこも激戦」

ほぼ1年中続くメンバー争い

これと同時に、新1年生の特徴についても同じようにまとめています。これから成長していく選手たちなので、個人名を出すのは控えますが、3学年ミックスでのチーム構成案になります。

「新1年生は、特徴のある選手が揃った。キャッチャーは守備があるうえでの打撃力、サードは総合力と層の厚さ、ショートの絶対的な守備力、センターの総合力。高打率の右打者は90期生（2020年）チームの課題でもあり、刺激を与えるために、意図的に紅白戦や練習試合で起用して競わせる。先に1年生にチャンスを与えて、そこに残るか新チームに回るか見極める。1年生の粘りと、2、3年生の努力と取り組みがチーム力を上げる。6月〜7月は3年生の最後の追い込み期間になるため、ベンチ入り候補以外の1、2年生はすべてNEXTチーム所属になる。辛抱強くやれる選手が勝ち切るだろう」

1年生には、入学前に「現状戦力の分析」を伝えてあります。今、どのようなチーム構成で、どのポジションが強く、どのポジションが弱いのか。それがわかっていれば、1年夏に本気でベンチ入りを目指す選手にとっては、強いモチベーションになるはずです。

そのうえで、入学式の翌日に1年生同士の紅白戦を実施しています。3チーム編成し、それぞれ2試合ずつ。全選手が出場します。ピッチャーは1イニングでどんどん交代していく。そこで高い能力を発揮できた選手は、上級生とともに1年夏のベンチ入りを目指すグループに入る可能性が出てきます。測定会のところでも触れましたが、前もってやることを伝えているので、それに対してどこまで仕上げてきたかをチェックする機会にもなります。

また、入学式には保護者が宮城にまで来てくれています。その翌日に試合をすれば、県外の家庭も観戦することができる。「高校入学で不安なこともあるでしょうが、3年間大切にお預かりします」というメッセージも込めて、翌日に試合を組んでいます。

すべてに通じるのは、新1年生も含めた「日本一激しいメンバー争い」です。チーム内競争の激化なくして、頂点は獲れない。そのためにも、個々の選手が置かれている立場を理解し、チームが何を求めているかを把握することが必要になってきます。

一方で、ほぼ1年中、紅白戦や練習試合を行い、メンバー争いを続けているので、「自分のフォームや技術にじっくりと向き合う時間が少ない」というデメリットはあります。フォームを変えるにしても、新しい球種を覚えるにしても、実戦をやりながら試していかなければいけません。じっくりと腰を据えられるとしたら、12月、1月の2か月間ぐらいです。

毎年、レギュラーが保証されている選手はひとりもいません。ずっと競争が続くので、特に当落線上の選手たちは緊張感があるはずです。それも十分にわかったうえで、日本一を狙うチーム作りの柱として「競争」を選びました。「メンバー選考の扉はいつでも開いている」という状況にしておくことで、すべての選手が目標を見失うことなく努力を続けられる、というのが一番の理由です。

「どんな組織でも2：6：2に分かれる」という、「働きアリの法則」を聞いたことがあると思いますが、仙台育英においても、2：6：2はあります。トップ層の2の割合を増やしていきたいですが、なかなかそういきません。2：6：2のどこにエネルギーを注ぐかは、指導者によって考え方が分かれるところでしょう。

私は、もっとも下の層に力を注いでいます。声をかけたり、面談をしたり、とにかくモチベーションだけは落ちないようにアプローチする。チーム全体には、「外れている人間の取り組みが大事になる」という言い方をしています。と測定会の実施や、「メンバー選考の現状」を開示するのもそのひとつで、「この能力や数字を手に入れることができれば、メンバー入りのチャンスがある」ということを、すべての選手に伝えているのです。

変な言い方ですが、理念や目標をしっかりと立てて、適切なマネジメントをしていけば、トップ層の2は勝手に上がっていくと思っています。上がっていかなければ、到底、日本一から招かれることはないでしょう。

日本一を狙うチームは、日本一厳しいメンバー争いが必要不可欠となる

秋に向けて1、2年生に現在地を提示

来年のセンバツを目指す1、2年生に対しては、今年の6月15日に「メンバー構成の現状」を作成し、渡しています。秋に向けた戦いはもう始まっている、ということです。これから戦うチームなので、あまり詳しいことは書けませんが、大まかなスタイルは次のような感じです。

Q1．どんなチーム？

笹倉と吉野が投打ともにカギになることは不可避のチーム

Q2．90期生（2020年チーム）と比較して？

始まりの時点では同等。しかしまだ何も継承できていない。

Q3．不安要素は？

現状、素材型の控え選手たちの底上げがあるか

投手陣は、伊藤、笹倉、吉野、ほか1年生の4人を「軸」と想定して、「イニング数の半分以下（近い）の失点と四死球。被打率は問わない」と目標数値を提示しています。たとえば、

伊藤であれば「7イニング、失点3四死球4」。大阪桐蔭と戦うとしても、求めるのはこのレベルのピッチング。笹倉も吉野も、十分その力を持っています。

さらに、1年生には「実戦登板と育成の両立の層」と「育成層」に分けて、それぞれが進む道を次のように示しました。名前のアルファベットのところには、実際には個人名が入っています。

■実戦登板と育成の両立の層（1年生）

投手Ａ＝秋も登板できる能力がある。フォームを大切にしながら（特に上半身は変えなくていい）体重増加と筋力アップ

投手Ｂ＝変化球は秀逸。通用するレベルだが、身体作りを徹底してストレートを磨きたい。2年後、150キロまでいける素材。

投手Ｃ＝感覚が戻ってきた。ストレートが球速表示以上に来るように、下半身と連動させたい。変化球は腕の振りきりが弱いので、〝入れてけカーブ〟以外は抜かない球から覚えたい

投手Ｄ＝ピッとくる球筋魅力。変化球も器用でうまい。球速が140キロまでくれば、面白い存在になる。野手との両立でしばらく練習。

■育成層（1年生）

投手E＝肩の不安をなくす（休養だけでいいのか？・）素材は高校生のうちに十分、140キロ以上投げられる。

投手F＝1年後に135キロ以上の球速を獲得できているか。

投手G＝フォームはいいが身体が圧倒的に弱い。体重＞身長－100をクリアしてから。

投手H＝下半身の使い方に問題あり。身体が圧倒的に弱い。体重＞身長－100をクリアしてから。

投手I＝基礎から取り組み、球速の伸びや変化球のキレなどの習得を目指して、その後に野手との適性を見極めたい。

リクルートの肝は「大学で活躍できるか」

現実的な話をすると、日本一から招かれるには、能力の高い選手がいることがひとつの条件になります。はっきりと言えば、中学生のリクルートを疎かにしていたら、大阪桐蔭のような学校には勝てないわけです。

秀光中のときは小学6年生、今は中学3年生を見る立場になりましたが、共通して言えることは「サイズ以上の力感が必要」。たとえば、160センチと小柄なのに、バットを振ると180センチの子が振っているような力強さがある。秀光中から仙台育英に進み、今は千葉ロッテでプレーする西巻賢二がこのタイプでした。体は小さいのに、打っても投げても、サイズ以上の強さを備えていました。

高校の監督になってからは、「大学で活躍できるかどうか」という指標が加わるようになりました。大学でプレーしているイメージが湧く選手は、迷いなく誘っています。そう考えると、野手においては肩と足が必須です。そのうえで、バッティングの〝当て感〟を持っているかどうか。言い換えれば、バットの芯でとらえる能力です。2球連続同じコース、同じ球速帯の球を空振りしているバッターを見ると、「当て感を持っていないかな?」と感じるときがあります。入学後、スタンドティーをベースにして当て感を磨いていきますが、ズレがある選手は、なかなか克服できない。バッティングセンスがもっとも表れるところかもしれません。

ときには、こちらの予想以上の伸びを見せる選手います。今、キャプテンを務めている田中がその一例で、中学3年時の肩と足は目立つレベルではありませんでした。それが高校でトレーニングを積み、身体的な成長を遂げたことで、一塁駆け抜け3・69秒で全体8位、球速

136キロ（2020年6月計測）にまで伸びてきています。

ピッチャーは、さまざまなタイプがいるので一概には言えませんが、腕の振り以上にボールが来るタイプは、試合を作りやすいと見ています。左ピッチャーでこのタイプがいると、継投策を考えやすく、センバツで背番号1をつかんだ向坂がその代表例になります。右腕には、スケールを求めるようになりました。ストライクを取れるのが大前提ですが、そのうえで空振り率が高いピッチャー。1年生にも、将来性豊かなピッチャーが入学しています。

なお、ピッチャー育成に関しては、徹底した球数管理をしていて、キャッチボール、遠投、ブルペンのピッチング、ネットスローなど、〝ボールを投げた数〟をすべて記録。最大投球数を決めているわけではありませんが、投球数と実戦での球速などを比較しながら、投げすぎによる疲労をケアするようにしています。

チームに必要な「求人広告」を示す

秀光中を率いていたときには、夏の大会前に『仙台育英秀光中　選手名鑑』を作成し、選手や保護者に配布していました。3年生がメーンになりますが、1年時からの成長の歩みを私が文章で記すとともに、テレビゲームのように「ミート力」「スピード」「パワー」などを数値化して、チャートに。さらに、夏の大会で期待することなどを記していました。

今は3学年で100名以上の部員がいるので、全選手の名鑑を作るのは時間的にも難しいのですが、「あなたの特徴はここですよ。それに加えて、このレベルを上げれば、もっといい選手になる」というメッセージを、さまざまな資料を作って、伝えるように心がけています。

どこに進めばいいのか。完全にガチッと決めるわけではありませんが、ある程度の方向性が見えていたほうが、選手は努力をしやすく、未来像も描きやすいはずです。誰もがエースや四番として活躍したい欲はあるでしょうが、「チームバランス」を考えると、それは不可能なこと。今のチームにはどんな役割が空いていて、どんな選手がいればチームのためになるのか。指導者が定期的に提示していくことによって、メンバー選考に対する意欲を失わずに、最後の夏まで取り組めると思っています。

ただし、選手によっては「もう、ここまで決まっているんだ……」と、醒めてしまう者もいるかもしれません。このやり方を〝ドライ〟と受け止める者もいるでしょう。そうならないためにも、1対1で話す時間を設けて、「最近どう?」「どんなテーマで練習しているの?」といった会話の中から、彼らの内面にある想いを受け止めるようにしています。

また、中学から取り入れていることのひとつに「求人広告」があります。仙台育英硬式野球部は、今どんな選手を求めているのか。ここは、シンプルに提示しています。たとえば、今の下級生に求めているのは、次の3つです。

1．色の違う投手
2．打てる捕手
3．長距離砲

「求人広告」と書いているわけですから、この3つのピースが足りないということです。どれかひとつでも持った選手が出てくれれば、レギュラー獲得の可能性があります。

1の「色の違う投手」は、簡単に言えば「個性」です。平均点のピッチャーでは、打力の高いチームを抑えることはできません。飛び抜けて球が速い、変化球が曲がる、腕を振ってもボールがこない、ストレートがやたらに動くなど、人と違う個性を発揮できるか。ここに期待しています。

2の「打てる捕手」は、レギュラー捕手候補の木村航が守備型のため、打撃型の捕手が出てくれれば、継捕も含めて、様々な使い方を考えることができます。

3の「長距離砲」は、昨年の小濃塁（現・日大）、今年の入江のような存在に誰がなれるか。バッティングで秀でた力を発揮すれば、走力・守備力が平均点であっても評価が上がります。

〝旬〟の選手を使っていく

選手をどのタイミングで起用していくか。指導者として、非常に気を配っていることです。私が意識しているのは、その選手の〝旬〟。どんな選手でも、3年間の中で1度や2度、技術面でもフィジカル面でも伸びている時期があります。

わかりやすくいえば、測定の数値が上がっているときです。足が速くなった、肩が強くなった、ボールが遠くに飛ぶようになった。こうした自覚があるときに、控えの選手であっても、レギュラーかのように積極的に起用していく。ここで結果が出ると、自己肯定感や自信が生まれ、飛躍的にプレーが伸びていきます。指導者がこの〝旬〟を逃してしまうと、成長の幅が一気に小さくなる可能性があるのです。1年生であったとしても、学年関係なく使っていきます。

そういった意味で、今回の新型コロナ禍による公式戦・練習試合の中止は非常に痛いものでした。春に旬を迎えていた選手が何人かいたので、彼らをどんどん使ってあげたかった。その機会があれば、今よりももっともっと上手くなっていたはずです。

「もう一度、旬を持ってくればいい」と思う人もいるでしょうが、そう簡単なことではありません。旬が来たあとには、たいていの選手は成長曲線が横ばいになり、今度は我慢のときになります。3年間、右肩上がりでググッと伸び続ける選手など、まずいません。

横ばいのときには、「そういうものだから」と教えています。停滞期が必ずある。怖いもの知らずでプレーしていた1、2年生が、結果と向き合う怖さを知り、思い切ったプレーができなくなることが多々あります。そこを乗り越えれば、またググッと伸びていきます。

また、身長が伸びている選手は、身体のバランスが変わりやすく、フォームがなかなか固まってきません。バッターはそれなりに対応しますが、道具を介さないピッチャーは如実に影響が現れます。発育発達の世界では成長期とその前後にパフォーマンスの低下が起こる「クラムジー」という言葉もあります。この時期に、上手くいかないからといってフォームの修正を図ると、動きが余計に崩れていくものです。バランスを整えるトレーニングをやりながら、フォームに関しては細かいことは言わずに見守る。仙台育英ではレッドコードという器具を使い、バランス感覚を養っています。

成長期の選手に関する対応は、中学生を見ていたことが大いに役立っています。中学生は入学時は150センチ台だった子が、卒業時には175センチぐらいになっていることも、何ら珍しくありません。3年間で20~30センチ伸びることがある。今までできなかったことができるようになることもあれば、その反対もありうる。バランス感覚が崩れることによって、コントロールが良かったピッチャーが、コントロールにばらつきが生まれる例も目にしてきました。パフォーマンスは落ちることもあるでしょうが、指導者は怒ったりせずに、ジッと我慢です。

思考ができあがりつつある高校生

高校生を見るようになって3年が経ちました。中学生に比べると理解力があり、コミュニケーションが取りやすいと感じます。その一方で、中学生までの間に、ある程度の思考のベースができあがっていて、高校生になってからその思考を変えるのは非常に難しいとも感じています。

特に中学時代に実績を残してきた選手は、「自分はこのやり方でやってきたので」と、過去の自分をなかなか変えようとしません。自分を持つのは大事なことで、それで結果が出ているのならいいですが、壁にぶつかっているのなら、新しいことに挑戦していかなければならない。それに、中学時代の成功体験が多いと、失敗を恐れてしまうのか、「できるからやる、できないからやらない」という思考に陥りやすいようにも思います。わかりやすくいえば、「できるか、できないか」ではなく、「やるか、やらないか」の考えを持ってほしいのです。

例を挙げると、アウトコースが苦手で、真ん中からインコース寄りを得意にしているバッターがいたとします。中学時代に得意なコースを打って結果を出してきたので、高校でも同じような待ち方をしている。その考えでもある程度はヒットを打てるので、本人は満足しているが、もっと上のレベルを目指すのなら、アウトコースも打てるようにチャレンジしていく必要がある。できることしかやらない選手は、身体能力以上のパフォーマンスを発揮できない傾向にあります。プレーヤーとしての幅が、なかなか広がっていきません。

これが、社会人やプロ野球選手のように、自分の型ができあがっている選手であれば構いませんが、高校生はまだまだこれから。さまざまなことにチャレンジして、自らの可能性を広げていく時期です。固定観念を持って、「自分はこうやるんだ」と凝り固まった思考がベースにあると、非常にもったいないと感じます。

だからこそ、積極的に情報を発信しているところもあります。プロ野球選手の動画や練習法、高校生の学びにつながりそうなインタビュー記事を送るなどして、少しでも柔軟な思考を持てるようにアプローチしています。

意図的に待つ時間を設ける

高校野球に携わるようになり、私自身の指導にも変化が出ています。一番の変化は、待つようになったことです。何か部内で問題（チームの運営や方針に関する、考え方のズレなど）が起きたとしても、私が出ていくのは最後の最後。できる限り、彼らだけで問題を解決できるように、待つようにしています。私が表に出ると、「こうしなければいけない」という命令になってしまい、彼らの自主性を奪うことになりかねません。

前述したように、前監督の佐々木先生は自主性を重んじるチーム作りをしていました。それは、竹田先生から脈々と継がれる仙台育英の良き伝統であり、監督が代わっても引き継いでいきたいのです。性格的にはいろいろ言いたくなるタイプなので、そこは自分でもグッと堪えて、我慢しているところがあります。

練習においても、彼らが選ぶ時間を意図的に作っています。全体練習の中に「課題練習」の時間を設け、そのときは何をやろうが本人の自由。ただし、取り組みの質までは問わない代わりに、どんな練習を選択しているかは事後報告でチェックしています。自分の課題と向き合っているのか、長所をひたすら伸ばそうとしているのか、置かれている選手の立場によってベストの選択は変わってきますが、何を選ぶかで選手の思考が見えてくるものです。ひとつ言えるのは、楽な練習ばかりしている選手は、なかなか上には伸びていきません。

練習方法は、1年生のうちに数多くのメニューを提供しています。打撃ドリル、守備ドリル、トレーニングドリル。「自分で考えてやりなさい」では、あまりに無責任なので、考える材料だけはしっかりと伝えています。私の考えは、「ゼロは永遠にゼロ」。0を1にしておけば、選手の手で2にも3にも増やしていくことができるのです。

野球の理解度の点でも、同じやり方をしています。1年生の4月、5月の間に、仙台育英で求める野球——たとえば、走塁のリードの取り方、ハーフウェイを取るときの状況、盗塁を構成する要素、守備のカットプレーの入り方、ポジショニングの考え方などを、伝える時間を設けています。できるかできないかは別にして、頭では理解している状態にしておく。そのときは基本的に、上級生が指導係になります。その姿を見ていると、彼らの理解度も見えてくる。教えることによって、上級生の頭の中も整理されていくので、4月、5月は非常に大事な時期になるのです。よく言われることですが、知識や理論は人に教えられるようになってこそ、ホンモノです。

しかし、今年は4月、5月に全体練習ができなかったため、この部分がすっぽりと抜け落ちてしまいました。9月の新学期開始以降、3年生に学生コーチの役割を与えることによって、この空白の2か月を補完できるのではないか。また、Zoomで野球の勉強会「オンライン野球セミナー」を行うなどして、理解度を上げていくことも考えています。

第5章　高校野球の完結に向けて

「真剣勝負　～本質を知り、本質を生きる～」

毎年正月に、チームのスローガンを四字熟語で掲げています。今年は1月5日に発表しました。

読んで字のごとく、です。

『真剣勝負　～本質を知り、本質を生きる～』

「2018年1月から監督になり、1度目の夏は甲子園出場、2度目の夏は甲子園ベスト8。先輩たちの質の高い取り組みのおかげで、チームが成熟してきている。日本一に招かれるために、真剣勝負をしよう。そのためには、本質を知り、本質を理解しようとすること。物事の本質から目を背けないようにしてほしい」

「本質」は、私がよく使う言葉です。この書籍の中でも、何度も使ってきました。幅広い定義の仕方があるとは思いますが、「何かを追い求めていく過程の中で、辿り着いてほしい境地」として捉えています。上辺だけの結果に一喜一憂するのではなく、なぜそういう結果になったのか、どこに原因があったのか、とことん追求し、考えを深めていく。高校時代に、本質を問う思考力を身に付けることは、社会に出たときに必ず生きてきます。

5月30日――。およそ1か月半ぶりに全体練習が再開しました。5月25日から分散登校が始まり、26日、27日に県外生が帰寮。その後、学年ごとに1時間限定の練習を行い、30日に全員が揃いました。学校の決まりで半日の練習でしたが、選手の一つひとつの動きから、仲間とともに野球ができる喜びを感じました。

その一方で、苦言を呈したところもあります。ランナーを置いての1か所バッティングのとき、ランナーのネクストプレーに対する甘さが見えたのです。それに対する、周りからの指摘の声も少ない。チームとしてずっと大事にしてこだわってきたところが、ルーズになっている。久しぶりの実戦練習なので、「仕方がない。まだ全体練習が始まったばかり」と見ることもできましたが、私は選手を集めて、あえて言いました。

「野球ができる嬉しさや喜びが勝っている。その気持ちはよくわかるが、野球の本質を追求していくことを忘れてはいけない。ミーティングでどんな話をしてきたのか、もう一度思い出してほしい」

5月20日に甲子園中止が正式に決まったあと、Ｚｏｏｍを活用しながら、夏に向けてどう戦うかを話し合ってきました。目標は、宮城の代替大会を圧倒的に質の高い野球で優勝すること。２０１８年、２０１９年の先輩たちを凌駕する、最高の野球を見せる。何を大事にして、日々の練習に取り組み、ここまで歩んできたのか。取り組んできたことをすべて発揮しよう。

そう決めたにもかかわらず、できていませんでした。

意識の表れは、走塁のネクストプレーにもっともわかりやすく出ると思っています。たとえば、レフトの正面にゴロヒットを打ったときに、「シングルヒットだな」と思ってベースランニングをするのか、二塁まで狙いにいく意識で一塁を回るのか。後者であれば、レフトがワンファンブルをしたり、緩慢な動きを見せたりしたときには、一気に二塁を陥れることができます。また、タイムリーヒットを打ったあと、まだプレーが続いている状況なのにガッツポーズをするのか、ボールがピッチャーに戻ってくるまで次の塁を狙い続けるのか。感情のままにプレーしていたら、野球の本質に辿りつくことはできない。こうした一つひとつの意識の積み重ねが、勝敗を分けることにつながっていきます。

今起きたプレーはすでに過去のものであり、目を向けるべきは次のプレーです。喜ぶのは、プレーが止まってからでいい。そうした話をことあるごとに伝え、練習の段階から徹底してきました。再開初日に伝える内容としては酷だったかもしれませんが、『真剣勝負　～本質を知り、本質を生きる～』のスローガンのもと戦う彼らなら、きっと理解してくれるはずだと思ったのです。

翌日、選手へのメッセージをベンチのカベに貼りました。

「再開後の初練習。悲しみや喜びが勝っている。それじゃ日本一になれない。本質はそこには

チーム活動再開後の６月第１週目に行われた「測定会」の様子

ない。１００年閉ざされた扉を開ける覚悟は。私たちは何を掲げ、どこに向かうのか」
本質を追い求めない限りは、手に入れたい未来をつかみ取ることはできません。
６月第1週には、「測定会」を実施しました。選手には、5月12日に送った「活動再開後の対策と強化ポイント＆心得と計画」の中で、事前に通知していたことです。本来であれば、この時期にすることはないですが、4月に測定会ができなかったことと、自粛期間中の取り組みを確認するという2つの理由から、あえて行うことに決めました。
計測の結果、ほとんどの選手の数値が伸びていました。二塁打走、本塁打走といった走りに関するフィジカルは落ちている選手が多かったですが、そこは想定の範囲内。チーム全体で動いているときと比べると、練習時間が短くなり、練習量も減っていたので、致し方ないところでしょう。

夏の代替大会の位置付け

6月10日、日本高野連から驚きの知らせが届きました。

「春のセンバツ出場32校を招き、夏に甲子園で代替大会を行う」

実はこの数日前に、少し情報が流れてきていたのですが、にわかに信じられませんでした。選手の気持ちを思えば、当然、嬉しさはあります。その後のミーティングで大会の目的について話し合い、「甲子園の1試合で、仙台育英の強さを見せる」という考えで一致しました。

6月11日には、前々から検討されていた宮城の代替大会が決まり、6月20日には東北地区6県のチャンピオンが集まる、東北大会の開催も決定。これまでの成果を発表する機会をいただけることになりました。

ここで、組織のトップにいる指導者として、明確にしておきたかったのが各大会の位置付けと狙いです。どのような理由から、上記3つの大会が行われることになったのか。その意味を履き違えてしまうと、チーム全体の気持ちがひとつにまとまっていきません。

6月12日、キャプテン・田中、副キャプテン・宮本、吉原瑠人、村上、学生コーチ・菅野の幹部5人に、次のメッセージを送りました。こうした大事な話のときには、まず私を含めたスタッフと幹部の間で考えを擦り合わせたうえで、幹部から選手に伝え、最終的に私がミーティングを開くようにしています。

■夏の大会に対する本質的な考え

①センバツ代替　甲子園交流試合　＊ベンチ入り20名

・18名は3月の最終登録そのままのメンバーで臨みたい。

・プラス2名は投票（全2、3年生の選手投票）

【大会の意義】

「全国の球児を平等に扱うことはできないが、秋の大会で好成績（東北大会優勝）を残し、1月の選考委員会で選出された選手たちの救済策として、甲子園で1試合行われる交流試合である。選手登録はすでに終わっている」

【監督の結論】

「大会の意義と、時間を確保して全員で競争し結果をつかみ取った事実を考えれば、学年関係なく背番号を勝ち取った当時のメンバーをそのまま救済すべきと考える。プラス2名に関しては選出までの時間もなく、1試合という試合数を考えると、〝戦力の補充〟という観点も必要ないため、皆の想いを込めて甲子園に立ち、出場がなくとも全身全霊で、皆で作ってきた仙台育英を体現してくれる『今年の仙台育英の顔』『その姿が仙台育英の未来への道筋を示してくれる男』を全員で選びたいと考える」

【検討事項】
＊投票の仕方
（1）投票する対象選手は？　2、3年生？
（2）一回の投票で決めるか、上位3〜5名の決選投票にするか
※決選投票のメリット＝票が割れ過ぎず、多くの部員の想いが反映されやすい。
※デメリット＝落選者の落胆が大きい

②宮城県大会（7月8日必着の選手登録）　＊ベンチ入り20名、入れ替え可能
【大会の意義】

「多くの学校が3月からの休校により活動停止を余儀なくされた。本来、蓄えてきた実力を発揮する春季大会や、仲間とのかけがえのない思い出を作る日々が無くなった選手たちへの救済措置が独自大会の目的。本校に関して言えば、競争の日々を経て上位大会へ向かうはずの3年生が機会を損失したこと、休校期間中もひたむきに全力を尽くしてきたことを考慮し臨む大会（5月20日のミーティングで、監督も3年生のみでいきたいと発表している）。また、自身と支えてくれた親の想いを完結させ、次の目標へ向かう節目の場。後輩に対して、本来は長い時間をかけて伝えるべき3年生の団結を伝える場」

【監督の結論】

「3年生のみで臨むべき。そのために休校中も準備してきた。たしかに上位大会（東北大会）はできたが、多くの思い出を失った3年生。困難を乗り越えて同学年で戦った一生の思い出と、自分自身へのプライドを発表する場を作りたい」

【選考方法】

「一定数以上（野手なら30打席〜50打席。投手なら20〜30イニング）の打席や登板を確保できるリーグ戦やオープン戦がないため、ここまでの実績とともに、練習や試合を監督が評価することになる（もちろん、実戦の成績や数値は重要な参考資料）。しかし、すべての試合や練習は見られないため、部長やコーチの意見も参考にする」

③東北大会（8月1日以降選手登録）　＊ベンチ入り人数未定（7月初旬時点）

※この3世代、全員で向かう位置付け。全員が同じ場所で見届けられる大会。

【監督の結論】

「最終試合への考え方として、チームの目標と入学から追いかけてきた本質の追求に戻るべきと考える。3年生が県大会で優勝し、出場を決めることが前提だが、3学年全員の力を結集し、『勝利主義』（至上主義ではない）で未来につなげる大会。

GMの菅野や主将の田中を中心に、『4大大会制覇』を掲げた2020年のチーム。その本質的な想いを汲み取ると、ベストな戦力で今年の野球を完結することが、日本一激しいメンバー争いを掲げて、東北の歴史を変えることを追求してきた完結になるのではと考える。

純粋に最高の戦力で、すべての部員、3学年のベストメンバーで。

後輩に日本一を託すなら、ベストメンバーを組み、勝負を争う最高の緊張感の中で戦う。3年生は人生経験を得て次に向かい、下級生にも最高の教育をすべきでは」

【選考】
基本は県大会と同じだが、以下も提案
☆宮城代替大会優勝時のベンチ入り（10名〜12名程度？）確定として、控えは全部員を対象に別の方法で選出する
（1）いつやる？　時間がない？
（2）3年生を4チームほどに分けて、1、2年生は監督が選出
☆監督が選ぶ　判断材料は
（1）宮城県大会
（2）1、2年生の紅白戦とオープン戦
（3）対3年生との紅白戦
☆あるいは、完全選手投票
チーム事情を理解している人がどれだけいるか？
人気投票にならないか？
スタメンが決まらないと控えが見えない？
1年生は先輩の実力がそもそもわからない？

宮城大会は自分たちのプライドをかけた戦い

メンバー選考は、非常に難しい問題です。特に今回の事態は、誰もが初めて経験する出来事であり、「今のベストメンバーで戦おう」とシンプルに考えられることでもありません。そもそも、「夏に向けて」と言っても、メンバー選考の時期が極めて短く、そのための紅白戦やオープン戦をほとんど組めない事情も重なっています。

さきほどのメッセージだけでは説明不足のところもあるので、いくつか補足をします。まず、宮城の代替大会は、「自分たちのプライドをかけた大会」と位置付けています。相手に勝とうとするのではなく、いかに仙台育英で培ってきた野球を発揮することができるか。ベクトルを自分たちに向ける。それができれば、自ずと結果は付いてくるはずです。

第4章でお話したように、3年生は最後の夏の大会中も同じ練習を続けていて、「メンバー重視」に偏ることはありません。公式戦の試合中は、グラウンドとスタンドに分かれますが、練習に戻ればフラット。もしかしたら、メンバーだけを重点的に鍛えたほうが、いい結果が出る可能性もあるかもしれません。でも、それでは仙台育英が掲げる理念や目標から外れることになる。この夏、自分たちの取り組みが正しいことを証明するためにも、3年生だけで優勝を手にする必要があります。

今の3年生は、「満足に練習ができない」「甲子園で日本一を目指せない」という、過去に例のない学年になりました。誤解を恐れずに表現すれば、〝特殊な学年〟です。

私は、部活動のひとつの大きな目的は、「思い出作り」だと考えています。辛いこと、苦しいこと、嬉しいこと、すべての経験がこれからの人生の糧になる。Zoomで毎日やり取りしていたとはいえ、これまでの学年と比べると、グラウンドでともに戦う時間が明らかに不足しています。

私がいつも言っているのは、「学年同士のヨコのつながりを大事にしてほしい」ということです。先輩後輩の関係、指導者と選手のタテの関係も大事ではありますが、それ以上に同学年で信頼できる関係を築いてほしい。今の3年生は、入学前に部内の不祥事が明るみになったにもかかわらず、仙台育英を選んでくれた子たちで、それぞれが想いをぶつけあいながら、最終学年を迎えました。自粛期間中もZoomで活発な意見交換をしていました。夏の甲子園にはつながっていませんが、3年間の発表の場として、宮城大会は大きな意味を持つものとなります。

3年生だけで戦うとなれば、間違いなく戦力は落ちます。キャッチャーの木村航、一塁兼ピッチャーの笹倉、ライト兼ピッチャーの吉野は、昨秋からの主力でしたが、スタメンからこの

3人が抜けることになります。3年生からしてみると「2年生がいないから、弱くなった」と思われるのは一番イヤなことでしょう。それゆえに、野球ができて楽しい、嬉しいだけでは、結果はついてこないのです。3年生だけで宮城大会を勝つには、野球の本質を追求し続ける必要があります。

メンバー選びに関して、宮城大会においては「事前に登録したメンバーであれば、毎試合入れ替えが可能」というルールが設けられています。今、構想としてあるのは、12名のメンバーは毎試合固定として、残りの8枠を3年生で順々に入れ替えることです。準々決勝までにすべての3年生がベンチ入りすることになり、試合にも全員が出場できるように考えを練っています。準決勝と決勝は、勝利にもっとも近いベストメンバーを組む予定です。

そのためには、ひとつずつ着実に勝っていかなければいけません。思い出を作るためにも、できるだけ多くの試合をしたい。仙台育英のプライドにかけて、県内で負けるわけにはいきません。同時に、宮城大会は3年生が頂点に向けて戦う姿を、下級生に見せる場にもなります。本来であれば、春から夏にかけて、培ってきた経験や学びを言葉と行動で伝えていくために、3年生対下級生の紅白戦「伝承試合」を行っていました。試合の中での選択や思考を、真剣勝負の中で感じられるようにしていたのです。今年は6月の中旬にようやく1試合開催でき、1対1の引き分け。笹倉、伊藤が素晴らしいピッチングを見せて、3年生を抑え込みました。

例年、4月5月と戦う中で、できることできないことの取捨選択をしながら、7月の宮城大会を目指して、チームを作り上げています。今年は試合どころか練習ができない期間が、2か月続きました。それだけに、練習再開後の取り組みが非常に大事になってきます。野球の本質に向き合うことが大事か、どこで気付けるか。前述したとおり、目指すのは「質の高い最高の野球」です。別の角度から見ると、非常にハードルの高い目標設定になりました。だからこそ、そこに向かっていく3年生の生きざまが、これからの仙台育英を作っていくのです。

私は、監督の一言よりも、日常を一緒に過ごしてきた3年生の言葉のほうが、1、2年生に響くと思っています。下級生にリアルに近い存在は、大人ではなく3年生です。身近にいる先輩が、誰も経験したことがない特別な夏に向かって、悩み苦しみながらも前に進んでいく姿は、きっと1、2年生に大きなエネルギーを与えてくれるはずです。

東北大会は未来に向けた戦い

もし、宮城大会で優勝すれば、8月9日から11日まで宮城県石巻市で行われる東北大会に出場することができます。仙台育英、鶴岡東、磐城は、8月10日に開幕する「2020年甲子園高校野球交流試合」と日程が重なるため、3校の甲子園での試合日は15日と16日に組み込まれました。

私としては、ここで3学年合わせてのベストメンバーを組み、勝利を本気で追い求めた結果として、東北NO・1を勝ち取るのが理想と捉えています。「例年どおりに夏の選手権大会があれば、この形で臨んだ」というメンバーで挑む。客観的に見て、1年生に力があると思えば、1年生を入れることもあるでしょう。

ただ、東北大会に関しては、3年生が県大会を勝ち抜いて獲得した出場権になるので、3年生の想いにも耳を傾けたいと考えています。現時点(7月初旬)では、どのようになるかはまだ正式には決まっていません。

県大会が「プライドをかけた戦い」であれば、東北大会は「未来に向けた戦い」です。ここの考えは、私と選手で一致しています。本来あるべき本質的な形で、東北大会を勝ち抜き、新チームにつなげていく。東北の強豪校に、「仙台育英は強い」と思わせる戦いを見せる。競技スポーツをやっている以上、負けてもいい試合などありません。

「未来に向けた」にはもうひとつの意味合いがあり、3年生であっても大会メンバーに入れなかったという挫折や悲しみを経験することは、社会に出るための疑似体験にもつながります。高校生のうちは、学校や教員、保護者からさまざまなことを守ってもらっていますが、社会に出れば、保証された世界ではなくなります。厳しい社会で生きていくには、高校時代に上手くいかなかった経験も絶対に必要です。

もちろん、そこに至るまでの過程として、「全員を出場させることはできないが、全員を上手くすることはできる」という考えのもと、すべての選手に練習の機会と、練習で培った技術を発揮する発表の場を設ける。この大前提があったうえでの話です。自分でやりきったと思えるのなら、そこから気持ちを落とすのではなく、チームの勝利のために力を尽くしていく。そして、選ばれた者には、全部員の代表として自覚と責任を持って、戦う使命が生まれます。

本来、夏のメンバー選考はそういうものだと思うのです。監督として、3年生をメンバーに選べない無念さはありますが、ベンチ入り20名という決まりがある以上、どこかでラインを引かなければいけません。そのために、あらかじめ選考基準を明かしたうえで、1年かけて選考レースを行っているわけです。

1、2年生は、この東北大会のメンバーに加わることが、秋のベンチ入りにもつながることになります。自粛明けの練習再開時から、3年生と1、2年生を分けて活動していて、練習のやり方も変えています。3年生は実戦中心で、1、2年生はフィジカル、スキル、メンタルの向上をテーマに心身を追い込んでいく。ここで試合に向けた調整をしていては、来春のセンバツ切符を勝ち取ることはできません。5月20日のZoomミーティングで、学生コーチの菅野が口にした「日本一の夢を後輩に託したい」といった言葉に非常に大きな意味があり、託された側の1、2年生が責任を持って取り組んでいます。託された以上、ふさわしい野球を見せなければなりません。

活動再開後から、スタッフの役割も明確に分けて、私は3年生、早坂部長と斎夢海コーチが1、2年生を担当しています。これは、Zoomミーティングで、私から全選手に説明をしました。前もって伝えておかなければ、「監督は1、2年生を全く見てくれない」という声が漏れてきたりするからです。といっても、午前が3年生、午後は1、2年生と分ける二部練習のときには、3人のスタッフで全学年を見ています。

私が主に3年生を担当する理由は、3年生が高校野球をまっとうできた先に、新チームの戦いがあるからです。現在、2018年夏の敗戦から始まった日本一への「1000日計画」の真っただ中。ここで、先輩たちがつないできた取り組みを途絶えさせるわけにはいきません。

甲子園交流試合はメッセージ性の強い戦い

まさか、このような形で、甲子園でプレーできるとは思ってもいませんでした。それは、選手たちも同じ気持ちだったと思います。

この大会の位置付けは、「全国に向けた、仙台育英からのメッセージ」です。メッセージ性の強い戦いになります。たとえ1試合であっても、「仙台育英やるな！ 甲子園大会があったら日本一の可能性があったのではないか」と期待感を抱いてもらえるようなインパクトのある勝ち方を見せる。

それとともに、新型コロナウイルスが本格的に感染拡大していく中、私たちは前に向かうためにさまざまな取り組みをして、世の中に発信してきました。私自身も5月20日からツイッターを開設し、想っていることと感じていることを、皆さんにお伝えしています。発信することによって、ムーブメントを起こしたかったのです。甲子園がなくなったことに対して、悲しみや涙に暮れるだけではなく、また違った方法で高校野球の完結を目指していく。そこに向かって歩いていく私たちの姿を見てもらうことで、発表の場を失った小学生、中学生、高校生、さらには支えてきた保護者の皆さんに、少しでも次につながる希望の光を灯すことができたらと考えていました。甲子園交流試合は、もしかしたら例年の甲子園よりも社会的な注目を集めるかもしれません。だからこそ、野球の試合を通して、仙台育英が大事にしていることを発信していきたいと考えています。

この1試合で、仙台育英のこれから先が決まると言っても大げさではないぐらい、重要な一戦だと捉えています。1試合に全力を注ぎ、勝ちを目指す采配をする。記念試合のような位置付けで、全選手を無理に使うようなことは考えていません。勝つための采配であれば、2年生も積極的に使っていきます。

メンバー選考は、私が幹部5人と「センバツのメンバーで行こうと考えている」という話をする前に、一部の3年生から「もう一度、メンバーに入るチャンスが生まれた」という声が漏れてきました。その気持ちもわからなくもなく、学校によってはもう一度フラットな状態で、甲子園メンバーを選び直すところもあるでしょう。でも、私の考えとしては、「センバツで選んだ18名で戦う」。日本一激しい選考レースを勝ち抜いてきた選手たちの気持ちと、大会の目的を考えた結果、この結論に至りました。

もう一度、選考レースをしたら、メンバーが変わる可能性は十分にあります。今が〝旬〟の選手がいれば、春が〝旬〟の選手もいる。それでも、1月からの数々の実戦で結果を残してきた事実に変わりはなく、努力でつかみ取った証として18人を送り出してやりたいと思います。

では、プラス2名の補充をどのように考えるか。例年、甲子園のベンチ入りは18人ですが、この甲子園交流試合に関しては20人まで入ることが認められています。新型コロナウイルスによって辛い経験をした高校球児に対する、高野連側の粋なはからいと感じます。

プラス2名に関しては、選手宛てのメッセージに記したとおり、「戦力の補充」ではなく、「今年の仙台育英の顔」「その姿が仙台育英の未来への道筋を示してくれる男」と位置付けました。

甲子園の舞台でプレーができなくても、そこで得た経験や学びを次の世代にも伝えていける選手は誰か。

3年生だけで議論を重ねて、7月1日に3年生による投票を行った結果、副キャプテンの吉原と金子紫温がメンバーに入ることになりました。3年生にすべてを委ねたので、彼らの想いを尊重したいと思います。

理想の終わり方を求めて

終わり方が大事――。

これまで何度も何度も、選手たちに伝えてきた言葉です。

最後に勝つのと負けるのとでは、大きな違いがあります。勝ち方、負け方も問われますが、一番の理想は自分たちがやってきたことをすべて発揮したうえでの優勝です。準備してきたことを出せたかどうか。内容と結果が結びついたときに、やりきった思いとともに達成感や充実感、自己肯定感を得ることができる。日本一に挑戦できない夏だからこそ、監督も選手も、最高の終わり方を求めています。

一番避けたいのが、感情の揺れによって、普段やっていないことをやったり、徹底していたことができなくなったりすることです。わかりやすい例を挙げると、一塁へのヘッドスライディングがあります。仙台育英では、「駆け抜けたほうが速い」という共通理解のもと、ヘッドスライディングを禁止しています。しかしながら、最後の夏の大会でゲームセットの声が近づいてくると、どうしてもヘッドスライディングを選択してしまうのが、高校生です。気持ちはわかります。何とか必死になって、出塁をもぎとりたい。チームとして、「ヘッドスライディングのほうが速い」という考えのもと、そのプレーを選択しているのであれば何ら問題はありませんが……。

仙台育英の場合は、日頃の練習や試合から、「駆け抜け」を徹底してきました。そこで、夏の最後だけ頭から滑るというのは、それまでの取り組みを否定することにもつながりかねない。感情に任せたまま、勢いでプレーをしてしまうと、こうしたことが起きるものです。

この夏、窮地や劣勢の状況に立たされることが、幾度となく訪れるはずです。そこで、入学から日々積み上げてきた質の高い野球を、冷静に発揮することができるか。3年生の真価が問われるとともに、私が彼らに伝えてきたことが本当に伝わり切っていたのか、監督自身の指導力が問われる大会になります。

「小中NEXTプロジェクト」への想い

少し話がさかのぼりますが、センバツが中止になった翌日（3月12日）に、鶴岡東の佐藤俊監督と、磐城高校の木村保監督（現・福島商教諭）に連絡を入れて、「もし、コロナが収まっていれば、4月下旬に3校で練習試合をやりませんか？」と相談をしました。センバツのメンバーに選ばれていた18名で真剣勝負をする。いわば、東北センバツ大会です。仙台育英は、背番号贈呈式で渡していた番号を着けて、試合に臨む予定でした。

できる限り、公式戦に近い緊張感を生み出したいと思い、甲子園球場で場内アナウンスの経験があるウグイス嬢や、プロのアナウンサーに実況をお願いして、OKの返事をもらっていました。本当は、地元のテレビ局に生放送をしてほしかったのですが、さまざまなハードルがあり、実現には至りませんでした。

結局、緊急事態宣言の発令によって、この企画は延期に。日程を改めて、10月下旬に行うことで話が進んでいました。しかしこれも、日本高野連が甲子園交流試合の開催を決めたことで、東北センバツ大会の意義が薄まり、現在のところは保留中です。

同時に、是が非とも成功させたいと動いているのが、「小中NEXTプロジェクト」です。高校野球は世間の注目度も高いことがあり、代替大会の開催が実現しましたが、小学6年生、中学3年生においては、発表の場がないままに卒業するチームもあると聞きます。

大会を開くか、イベントを行うか、まだ思案中のところはありますが、小・中学生が失ってしまったものを、私たちのできる範囲の中で取り返してあげたい。11月初旬に行うことが、すでに決まっています。

小学生に対して、具体的な案として進んでいるのが、
・文化祭
・合唱コンクール
・体育祭
・試合
・修学旅行
このどれかを重点的に行うか、あるいはミックスにするか。仙台育英のグラウンドだけでなく、他の球場も借りれば、多くの子どもたちが参加することができます。小学生にアンケートを取るとともに、うちの選手からもアイデアを募り、思い出に残るものを作り上げたいと考えています。

「飛沫防止」という観点からすると、合唱コンクールは難しいでしょうか。本気で案を練って

いるのが修学旅行です。野球部には、東北地区だけでなく、北海道、茨城、群馬、埼玉、東京、神奈川、大阪、兵庫出身の選手がいます。グラウンドの中に、各都道府県の地域性を存分にアピールするブースを出展して、小学生がそこに行った気になれる〝バーチャル修学旅行〟を考え中です。ある程度お金が必要にもなりますが、そこは大人が動いていくので、「どうすれば、子どもが喜び、満足できるか」の視点で、創造性あふれるブースを作ってほしい。彼らのアイデアに期待しています。

他に、試合をすることに加えて、技術を丁寧に教える野球教室を開くなど、いくつかのアイデアを持っています。ただ、中学生に関しては、「勧誘活動」と判断されると、高野連の規定に引っかかってしまいます。今年に関しては、さまざまなものが失われただけに、幅広く認めてほしいというのが本音ですが……、夏の大会がすべて終わってから、選手と一緒に詳細を詰めていく予定です。

チーム全体の共通理解としてあるのは、「小中NEXTプロジェクト」を成功させることが、3年生にとっての本当の意味での「高校野球の完結」ということです。個人個人で多少の温度差はありますが、大枠の考えとして同じ方向を向いています。だから、センバツ代替大会が終わったからといって、引退を迎えるわけではありません。

「地域の皆さまと感動を分かち合う」

この理念がすべてです。理念のもとに、すべての行動がある。そこだけは、社会がどんな状況になろうとも変わることはありません。

仙台育英野球部　須江監督と３年生

おわりに
――描いた未来を遥かに超える未来へ――

2020年のセンバツ甲子園は、組み合わせによっては日本一を狙える手ごたえを持っていました。たとえ、負けたとしても、全国の強豪の力を体感したうえで、仙台育英の現在地を知ることができる。それが、夏の甲子園、さらには次の代のチームにもつながっていくと思っていました。ここがごっそりと抜け落ちてしまうのは正直、かなりの痛手です。

といっても、過ぎたことを悔やんでも現実は何も変わりません。ここからどのようにして、頂点を目指していくか。本当のチーム力が問われるのは間違いのないことです。

日本一に一度もなったことのない私が言うと、「わかったようなことを言うな」と怒られそうですが、「甲子園は成熟したチームでなければ優勝できない」と考えています。近年の夏の優勝校を思い返してみると、2014年＝大阪桐蔭、2015年＝東海大相模、2016年＝作新学院、2017年＝花咲徳栄、2018年＝大阪桐蔭、2019年＝履正社と、勝つべくして勝つチームが日本一を成し遂げています。勢いではなく、たしかな実力で頂点を極めている。このレベルまで来なければ、日本一からは招かれません。

選手にも〝旬〟があるように、チームにも〝旬〟があるものです。「この学校、そろそろ優勝するんじゃないか」という空気感があるかどうか。今春のセンバツでそれを作りたかったのですが、それが叶わなかった今は、8月の「２０２０年甲子園高校野球交流試合」に全力を注ぎます。1試合、およそ2時間の中で、どれだけのメッセージを込めることができるか――。「仙台育英の向こう3年を決める試合」と位置付けて、内容と結果を求めて戦っていきます。

7月8日には、交流試合の組み合わせ抽選会がオンラインで行われ、仙台育英は8月15日の第3試合で中国チャンピオンの倉敷商と当たることが決まりました。実は、センバツ開幕前、最終合宿の地として予定していたのが岡山でした。新型コロナウイルスの影響で中止となりましたが、これも何かの縁でしょうか。倉敷商のＯＢである星野仙一さんが、東北楽天ゴールデンイーグルスで日本一に輝いたことにも、不思議なつながりを感じます。

対戦相手が決まったことで、選手たちの集中力も増してきています。やるべきことはひとつ。最高のパフォーマンスを発揮して、２０１８年、２０１９年よりも質の高い野球を見せることです。7月に入り、部活動が再開した当初の「野球ができて嬉しい」という雰囲気から、勝利のために本質を追い求める緊張感のある空気に変わってきています。

甲子園の日程が具体的に決まったこともあり、夏に向けてのスケジュールを組み直しました。すでにお話ししたとおり、宮城県大会はオール3年生で臨み、1、2年生は秋に向けて心身を鍛え上げています。3年生には12名の固定メンバーと、準々決勝までの入れ替えメンバーをすでに伝え、誰がどんな役割を担うか明確にしました。右の代打、左の代打、守備固め、代走……、1試合でできる限り多くの選手を起用したいと考えています。

県大会は、勝ち上がることができれば、最大で6試合。ありがたいことに、すべて学校から近い球場で10時開始の第1試合です。学校に戻ってから、1、2年生対ベンチを外れた3年生の試合を組んでいます。1、2年生を6チームに分け、3年生と6回戦う。野球に取り組む姿を通じて、先輩から後輩にさまざまなことを〝伝承〟してほしいという狙いがあります。

今年の夏は選手権大会が中止となったことで、「特別な夏」として今までとは違った注目を集めることになりました。私自身も特別な夏、特別な学年になったと思っています。それでも、夏の代替大会が近付き、勝利に向かって戦っている選手たちの姿を見ると、「変わらない夏」と感じるようにもなりました。日本一を目指す夏がなくなっても、仲間とともに勝利を目指し、高校野球の完結を求める姿はどんな夏でも変わらない。特別な夏ではあるが、変わらない夏でもある。心の中ではさまざまな感情があるでしょうが、最後の夏にかける3年生の真剣な表情を見ると、胸を打たれるものがあります。

「熱夏伝承　～40人で残す軌跡～」

3年生が掲げた、この夏のスローガンです。先輩たちが積み重ねてきた仙台育英の野球を継ぎ、後輩たちに伝承していく。非常にいい言葉だと感じます。私もよくスローガンを作りますが、心がけているのは、過去と現在と未来をつなぐ言葉であること。つながりが見えてこそ、スローガンに意味が出てくるのです。

私は秀光中の監督に就いたときからずっと、1年間を簡潔な言葉で総括してきました。

「永遠に残る最高のスタートと1000日が始まった2018年夏」

仙台育英の監督1年目は、すでに第2章でも紹介した言葉です。

「遅すぎず速すぎず　多すぎず足りなすぎない2019年夏」

2019年は甲子園ベスト8進出も、準々決勝で大敗。悔しさと手ごたえが残った夏でした。

では、2020年はどのような言葉がふさわしいのか。彼らの夏は完結していませんが、私の心にはすでに浮かんでいる言葉があります。

「描いた未来を遥かに超える未来に辿り着いた2020年夏」

まだ終わっていません。代替大会がどのような結果になるかもわかりません。それでも私は、彼らが想像を超える未来を手にしてくれると信じています。

3月11日のセンバツの中止発表から、緊急事態宣言の発令、夏の甲子園中止と、予期せぬ事態が次々と起き、選手たちは葛藤がありながらも、仲間とともに前に進んできました。この世代の子どもたちは、未曾有の経験をしています。仙台育英の3年生だけでなく、全国の高校3

年生に言えることです。とてつもないエネルギーを持って、社会に出ていくのは間違いありません。きっと、これから先、何かものすごいことを成し遂げる世代になっていくはずです。

最後になりましたが、16歳のときから今までお世話になり続けている仙台育英学園の教職員の皆さま、教員になってから厳しくも温かい目で指導してくださった中学校の監督の皆さま、日頃の練習試合等で高校野球の厳しさを教えてくださる高校野球の監督の皆さま、ともに日本一を目指して戦い続けたたくさんの教え子、これまで須江航に関わって下さったすべての方々に感謝申し上げます。そして、大好きな野球に存分に打ち込める環境を作ってくれている家族にも感謝。いつも、ありがとう。

まだ何も成し遂げていない私の言葉に、どこまでの説得力があったかはわかりませんが、最後まで読んでくださった読者の皆さまに感謝の意をお伝えします。「はじめに」で述べたとおり、私たちの取り組みを伝えることが、止まってしまった誰かの人生を動かすきっかけになれば、これ以上嬉しいことはありません。新型コロナウイルスによって、できないこと、やれないことが増えたかもしれませんが、見方を変えれば、今だからこそできること、やれることもあると思っています。誰もが希望を持てる未来を、ともに創っていきましょう。

２０２０年７月　仙台育英硬式野球部監督　須江 航

須江航監督　全国大会成績

仙台育英秀光中学（夏／全国中学校大会　春／全日本少年大会）

2010年夏	2回戦	○	2対0	上富田(和歌山)
	準々決勝	●	0対1	上三川(栃木)
2011年夏	1回戦	●	1対2	駿台学園(東京)
2012年春	1回戦	○	2対0	三ヶ日(静岡)
	2回戦	●	1対10	西京ビッグスターズ(京都)
2013年夏	1回戦	○	2対1	羽島(岐阜)
	2回戦	○	1対0	芽室西(北海道)
	準々決勝	●	2対3	西原(沖縄)
2014年夏	2回戦	○	4対0	瀬田北(滋賀)
	準々決勝	○	4対1	大沢(神奈川)
	準決勝	○	3対2	東海大翔洋(静岡)
	決勝	○	3対0	中標津(北海道)
2015年春	1回戦	○	2対0	竜爪(静岡)
	2回戦	●	2対5	西京ビッグスターズ(京都)
2015年夏	2回戦	○	7対1	北本東(埼玉)
	準々決勝	○	4対0	共和(北海道)
	準決勝	○	1対0	氷見北部(富山)
	決勝	●	1対5	門川(宮崎)
2016年春	1回戦	●	4対6	西脇南(兵庫)
2016年夏	2回戦	○	1対0	相生(徳島)
	準々決勝	○	3対1	波佐見(長崎)
	準決勝	●	0対2	上一色(東京)
2017年春	1回戦	○	2対0	石垣第二(沖縄)
	2回戦	○	4対0	関城(茨城)
	準々決勝	○	5対1	グランフレール(東京)
	準決勝	●	0対4	秋田クラブ(秋田)
2017年夏	2回戦	○	5対0	日章学園鹿児島育英館(鹿児島)
	準々決勝	○	3対0	兼六(石川)
	準決勝	●	1対2	白翔(北海道)

仙台育英高校

2018年夏	2回戦	●	0対9	浦和学院(埼玉)
2019年夏	1回戦	○	20対1	飯山(長野)
	2回戦	○	8対5	鳴門(徳島)
	3回戦	○	4対3	敦賀気比(福井)
	準々決勝	●	1対17	星稜(石川)

仙台育英野球部

学校は1905年に私塾「育英塾」として創設された。48年に学制改革により、仙台育英学園高等学校が開校。硬式野球部は1930年創部で、63年夏に甲子園初出場。以降、夏28度、春は13度出場を誇る。甲子園では89年夏、2001年春、15年夏の3度、準優勝。12年と14年には明治神宮大会を制している。

◆甲子園成績 48勝40敗(春12勝12敗、夏36勝28敗)

年	監督	春	夏
1963	佐藤　勝夫		2回戦
1964	佐藤　勝夫		1回戦
1968	渡辺　征夫	2回戦	
1973	金沢　規夫＊		2回戦
1975	金沢　規夫	2回戦	1回戦
1977	金沢　規夫		1回戦
1978	金沢　規夫		3回戦
1981	金沢　規夫		1回戦
1986	竹田　利秋		2回戦
1989	竹田　利秋	ベスト8	準優勝
1990	竹田　利秋		3回戦
1991	竹田　利秋	1回戦	
1992	竹田　利秋	2回戦	1回戦
1994	竹田　利秋		ベスト8
1995	竹田　利秋	1回戦	1回戦
1996	佐々木順一朗		3回戦
1997	佐々木順一朗		2回戦
1998	佐々木順一朗	1回戦	
1999	佐々木順一朗		2回戦
2000	佐々木順一朗		2回戦
2001	佐々木順一朗	準優勝	1回戦
2006	佐々木順一朗		2回戦
2007	佐々木順一朗	1回戦	2回戦
2008	佐々木順一朗		3回戦
2010	佐々木順一朗		3回戦
2012	佐々木順一朗		3回戦
2013	佐々木順一朗	ベスト8	2回戦
2015	佐々木順一朗	2回戦	準優勝
2017	佐々木順一朗	1回戦	ベスト8
2018	須江　航		2回戦
2019	須江　航		ベスト8
2020	須江　航	出場	

＊金沢規夫（現・氏家規夫）

須江 航(すえ・わたる)

1983（昭58）年4月9日、さいたま市生まれ。小2で野球を始め、鳩山中を経て仙台育英に進学。2年秋から学生コーチを任され3年春夏の甲子園に出場。センバツでは準優勝。八戸大（現八戸学院大）でも学生コーチ。06年から秀光中教校の情報科教諭となり、14年は西巻賢二（ロッテ）を擁して全国中学校軟式野球大会で初優勝。以後全国大会上位進出常連校として定着。2018年1月より仙台育英高校の監督に就任。18、19年夏の甲子園に出場し19年はベスト8。19年秋の東北大会を制しセンバツ出場権を得たが、新型コロナウイルスの感染拡大の影響でセンバツの中止が決定。夏の甲子園中止も決定したが、仙台育英らしい高校野球の“完結”を目指し、指導者も選手も前に進んでいる。

二度《にど》消《き》えた甲子園《こうしえん》

仙台育英野球部《せんだいいくえいやきゅうぶ》は
未曾有《みぞう》の苦境《くきょう》をどう乗《の》り越《こ》えたのか

2020年8月4日　第1版第1刷発行

著　者　須江《すえ》　航《わたる》
発行人　池田哲雄
発行所　株式会社ベースボール・マガジン社
〒103-8482
東京都中央区日本橋浜町2-61-9　TIE浜町ビル
電話　03-5643-3930（販売部）
03-5643-3885（出版部）
振替口座　00180-6-46620
http://www.bbm-japan.com/

印刷・製本　大日本印刷株式会社

ISBN 978-4-583-11300-5　C0075